장애예술인 20인 스토리텔링 북

바로 당신!

장애예술인 20인 스토리텔링 북

바로 당신!

초판 인쇄 2021년 8월 20일
초판 발행 2021년 8월 20일

저 자 방귀희
발행인 방귀희
펴낸곳 도서출판 솟대
등 록 1991년 4월 29일
주 소 서울시 금천구 서부샛길 606 대성지식산업센터 B동 2506-2호
전 화 (02)861-8848
팩 스 (02)861-8849
홈주소 www.emiji.net
이메일 klah1990@daum.net

값 15,000원

ISBN 978-89-85863-79-7(03810)

* 이 책의 판매 수익금 전액은 「장애예술인지원법률」 운영기금으로 사용됩니다.

바로 당신!

장애예술인 20인 스토리텔링 북 | 방귀희 지음

도서출판 솟대

| 책을 펴내며 |

당신을 소개합니다

그동안 내가 만난 장애예술인은 1천여 명이고 『E美지』 인터뷰를 5년 동안 하며 100여 명을 만나 깊은 이야기를 나누면서 많은 감명을 받았다. 그 가운데 내 가슴을 흔들며 그 여진이 계속되고 있는 장애예술인 20명을 선정하여 독자들에게 그 전율을 전해 드리고자 한다.

특수부대 출신으로 제대 후 행복한 가정을 꾸렸지만 곧바로 찾아온 베체트병 때문에 시력을 잃고 일과 가족, 삶 자체를 모두 빼앗기고 나서 시를 쓰며 살아야 할 이유를 찾은 손병걸,

선배 집들이에 갔다가 멀리서 오는 친구들에게 빨리오라고 손짓하다가 아파트 7층에서 추락하여 전신마비 장애를 갖게 된 화가 최지현,

마술 보조 역할을 하다가 폭발 사고로 마술사의 생명인 손을 잃고 한 손으로 다시 무대로 복귀한 조성진,

초보 부모에게 찾아온 발달장애 딸이 민요 요정인 이지원으로 성장한 사연,

미국 유학 중 박사학위논문을 쓰다 쓰러져 편마비가 생겼지만 왼손 피아니스트로 돌아온 이훈의 이야기는

인간은 그 어떤 환경 속에서도 다시 일어설 수 있는 가능성이 있다는 것을 보여 준다.

휠체어를 타고 무작정 상경하여 스승을 찾아가 모진 세월을 이겨 내고 한국 전통을 잇는 황실자수 명인이 된 이정희,

히든싱어에서 시각장애인 출연자로 김종서보다 더 김종서 같다는 칭찬을 받은 그냥 가수가 되고 싶은 이현학,

행글라이더 추락사고로 하반신마비가 된 후 2018년 조선일보 신춘문예 동화 당선자로 문단에 등단한 허용호,

장애인무용계에 우뚝 선 침묵 속의 발레리나 고아라,

피바디음대 최초로 시각장애인으로서 박사학위를 받은 최고의 음악인 이상재를 만나면 그들이 얼마나 노력하며 그 자리까지 왔는지 머리가 절로 숙여진다.

결혼식을 앞두고 고향의 부모님께 다녀오는 길에 교통사고로 전신마비가 되어 모든 꿈이 산산조각이 났지만 새로운 사랑이 찾아와 소설가로 한 자 한 자 글을 만들어 내는 황원교,

한국의 특수학교에서는 산만한 아이였지만 아빠 직장을 따라간 사

우디에서 그림에 대한 재능을 발견하고 전시회마다 완판을 기록하는 화가 한부열,

수영장에서 다이빙하다 목뼈를 다쳐 전신이 마비된 후 '바퀴 달린 성악가'라고 당당히 말하는 이남현,

수어로 랩을 하는 청각장애인 핸디래퍼 김지연,

교통사고로 화가로서 치명적인 시각장애를 갖게 된 후 새로운 화풍을 만든 화가 박환의 오뚝이 인생은 인간의 한계는 없다는 자신감을 갖게 한다.

심청가로 객석을 휘어잡은 시각장애인 소리꾼 최예나,

뇌성마비로 인한 언어장애 때문에 자기가 할 말을 글로 써서 친구들이 대신 읽어 준 것이 글공부가 된 웹드라마작가 김뜰,

오토바이 사고로 전신마비가 되어 죽음만 생각하던 그의 입에 붓을 물게 된 후 꿈을 그리는 구필화가가 된 임경식,

골육종으로 다리를 절단한 후 휠체어댄스스포츠로 무대 위에서 아름다운 춤바람을 일으키고 있는 황주희,

6세 때 시작한 피아노 연주로 세계적인 인정을 받고 있는 천재 피아니스트 김건호의 성장은 우리나라 장애인예술이 K컬쳐 물결을 일으킬

수 있을 것이란 기대감에 부풀게 한다.

2020년부터 「장애예술인지원법」이 시행되고 있다. 법의 취지를 실천하기 위해 가장 먼저 준비해야 할 것은 장애예술인의 활동을 소개하는 것인데, 가장 효과적인 방법이 장애예술인의 스토리텔링 북을 제작하여 보급하는 것이기에 기획하게 되었다.

좋은 책을 만들어 장애인예술 대중화와 함께 힘들어하는 독자들에게 위안과 행복을 전해 주는 작품으로, 쉽게 읽히지만 인문학적 교양서 역할도 할 것으로 기대된다.

『E美지』 5주년을 맞아 소박하게나마 『E美지』에 소개되어 많은 관심을 모았던 장애예술인 20명의 예술 이야기를 책으로 만들기 위해 이런저런 공모사업에 응시하였지만 선택을 받지 못하였는데, 마침 래퍼 빅나티×디스에이블드×화가 양시영이 콜라보 굿즈 수익금을 『E美지』로 기증해 주어서 5주년 기념 단행본이 발간되었음을 밝히면서 고마운 마음을 전한다.

2021년 여름

방귀희

| CONTENTS |

아름다워서 가슴 시린 화가 최지현

꿈꾸는 고양이

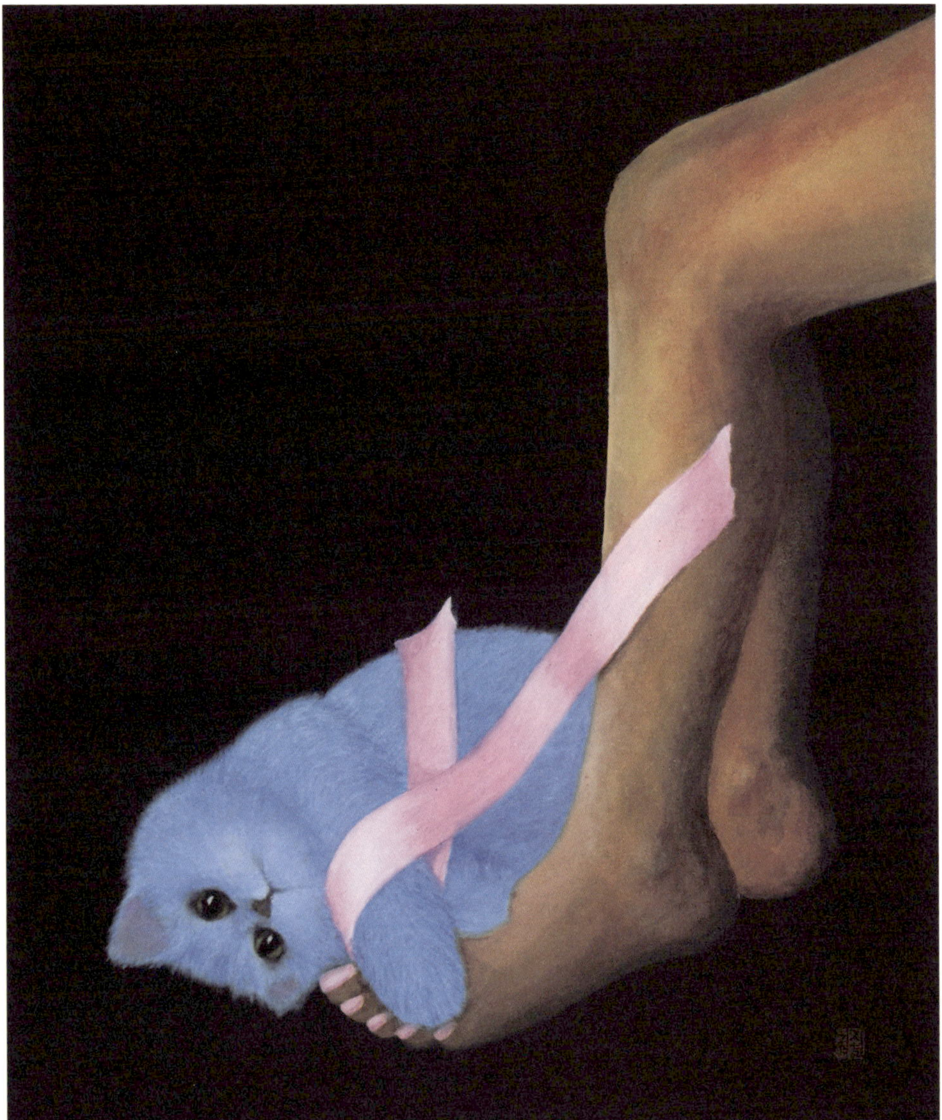

교감 3

지란지교를 꿈꾸며

군집(群集)

쌍학흉배

화문수

까치와 호랑이

초충도

여래좌상

발사람

사랑해요

안아 줘요

흔들흔들

이모들

사랑해요

시각장애로 새로운 화풍을 만든 화가 박환

역사의 문

나무전봇대

박환 사고 후 작품

복숭아밭

고향집 2

봄의 풍경

호수길

꿈을 꾸다 5

꿈을 꾸다 4

꿈을 꾸다 11

꿈을 꾸다 14

2020년부터 「장애예술인지원법」이 시행되고 있다.
법의 취지를 실천하기 위해 가장 먼저 준비해야 할 것은
장애예술인의 활동을 소개하는 것으로
장애예술인의 스토리텔링 북을 제작하여 보급하는 것이
가장 효과적인 방법이다.

장애인예술 대중화와 함께
힘들어하는 독자들에게 위안과 행복을 전해주는 작품으로
쉽게 읽히지만 인문학적 교양서 역할을 할 것으로 기대한다.

1

시(詩)는 그에게 구원이었다

시인 손병걸

가난에서 벗어나기

손병걸은 1967년 강원도 대관령에서 태어났다. 사람들에게 대관령은 흰 눈밭으로 둘러싸인 낭만적인 장소이지만 그에게 대관령은 사회로부터 단절된, 사람이 살기에는 너무나도 척박한 유배지였다. 늘 추웠고, 항상 배고팠다. 집안이 너무 가난해서 중고등학교를 다니며 공납금을 내지 못해 주눅이 들어 있었다. 학교에 가면 또 공납금 독촉을 받을 텐데 싫어 일부러 천천히 걸어서 학교로 향하였다. 그러다 보니 지각도 많고, 공부도 못하는 변변치 못한 학생이었다. 고등학교를 졸업하자 해방감이 느껴졌다. 더 이상 학교에 가지 않아도 된다는 것이 기뻤다.

졸업 후 취업을 생각했지만 도시와는 달리 젊은 사람들이 일할 곳이 없었다. 가난한 집에서 취업을 하지 못하고 있는 것은 밥만 축내는 식충이나 다름이 없기에 또다시 고민에 빠졌다. 집에서 벗어날 방법을 찾아야 했다. 탈출 방법은 오직 하나 군 입대였다. 당장 입대가 가능한 곳이 특수부대여서 고된 군 생활을 하게 되었다.

손병걸은 삼시세끼 배불리 밥 먹고 집안 걱정에서 잠시 벗어날 수 있는 것만으로도 만족하였다. 강한 체력과 강인한 정신력이 아니면 견뎌 낼 수 없는 훈련을 받고, 크고 작은 작전을 성공시키면서 어느덧 세상에 두려울 것이 없는 대한민국 사나이로 거듭났다.

짧은 행복, 긴 고통

제대 후 부산에 정착해 직장을 얻었다. 경호전문 대기업으로 아주 좋은 직장이었다. 그 당시 열렬한 사랑을 하고 있었기 때문에 그때의 목표는 오로지 그녀와 결혼을 하는 것이었다. 그는 결혼을 위해 필요한 조건에서 턱없이 부족했지만 그녀가 아내라는 자리에 흔쾌히 와 주었다. 얼마 지나지 않아 아내를 닮은 딸이 태어났다. 더없이 행복한 나날이었다.

그런데 그 행복은 오래가지 않았다. 무릎, 발목 등 관절에 통증이 생겼다. 처음에는 무리를 해서 그런가 보다 싶어 대수롭지 않게 생각했지만 통증이 점점 심해졌다. 특수부대 출신들이 고된 훈련으로 골병이 들어 몸이 안 좋다는 얘기도 있고 해서 그런 줄만 알고 있었는데 그 관절염 증상은 베체트병의 시작이었다.

베체트병은 온몸의 뼈마디마다 고름이 생겨 욱신거리는 통증으로 생사를 오가다가 통증이 잦아들면 시력이 점점 떨어져 시각장애가 발생하는 희귀난치성 질환이다. 그렇게 이상한 병이 손병걸에게 닥쳐올 줄 짐작조차 하지 못하였다.

발병한 지 1년 만에 그의 눈에서 빛이 완전히 빠져나가 그는 암흑 속에 갇히고 말았다. 그때가 1997년, 그의 나이 30세였다. 결혼한 지 3년째로 딸아이가 겨우 3세였다.

투병 생활이 길어지면서 손병걸은 이미 직장을 그만둔 상태였고, 병원비는 눈덩이처럼 커져 있었다. 당장 생계를 위해 부인은 식당 일을 하며 어린 딸과 앞을 볼 수 없게 된 시각장애인 남편을 보살피느라고 지칠대로 지쳐 있었다.

그 모든 상황에서 벗어나기 위해 그는 죽음을 선택하였지만 그의 자살 시도는 번번이 실패하였다. 죽을 수도 없다면 살아야 하는데 살기 위해서는 결단을 내려야 했다. 사랑이 컸던 만큼 증오도 많았던 이혼을 강행하였다. 그리고 어린 딸과 함께 누나가 살고 있는 인천으로 거처를 옮겼다.

문학과의 만남

모든 것을 잃은 것 같은 절망 속에서 그는 희망을 건져 올렸다. 바로 문학이었다. 자신의 참담한 현실에서 벗어나기 위해 시를 쓰고 또 썼다. 손병걸에게 문학은 그가 사춘기를 맞닥뜨리면서 찾아왔다. 펼친

작가와의 대화에서

책 속에 푹 빠져 작가가 되겠다는 꿈을 꾸던 그는 밤이면 문자의 세계에서 놀았다. 하지만 집안 살림은 점점 더 나락으로 떨어지고 있었기 때문에 그는 자신의 꿈이 사치 같아서 이별할 수밖에 없는 문학을 남몰래 끌어안고 흐느낄 정도로 문학을 사랑하였다.

두 눈의 시력을 잃어 아무것도 할 수 없게 되었을 때 비로소 그는 문학에 전부를 걸었다. 손병걸은 내가 왜 지금 와서 시를 쓰는가에 대한 질문을 자기 자신에게 수없이 하였다. 손병걸에게 있어 문학은 무엇인지 찾아내지 않고는 문학이라고 말할 수 없다는 생각이 들었다.

– 피를 토하듯 삶에 대한 치부를 고스란히 드러낼 수 있는 용기가 필요했다. 그러면서도 단순히 우울한 노출증 환자가 되어서는 곤란하고, 주어진 삶에 대한 고통을 딛고 일어서는 긍정이 있어야 했다. –

투병 당시 쓴 시가 2천여 편이 되는데 그런 습작의 결과 2003년 장애인문학지 『솟대문학』을 통해 3회 추천을 받았고, 2005년 부산일보 신춘문예에 시 〈항해〉가 당선돼서 당당히 문단에 데뷔하였다.

시집 「푸른 신호등」, 「나는 열 개의 눈동자를 가졌다」(2011년 문화체육관광부 선정 우수문학도서)를 발표하였다. 시집을 내면서 문학에 대한 갈증이 더 커졌다. 부족한 것이 너무 많다는 생각이 들었다. 그리고 알고 싶은 지적 욕망

손병걸 시집

이 더 강해졌다. 그래서 그는 건강했던 시절도 하지 못했던 대학 교육을 시각장애를 갖게 된 후 도전하였다. 2006년 경희사이버대학교 미디어문예창작학과를 거쳐 2010년 같은 대학교 문화창조대학원에서 미디어문예창작을 전공하였다.

시인으로 산다는 것

엄마 없이 아빠 손으로 키우기로 했을 때 3세였던 딸이 어느덧 22세 처녀가 되었다. 아빠의 눈이 되어 주는 것은 물론이고 살아야 할 이유로 희망을 주는 귀한 존재이다. 아빠 직업이 시인 그것도 시각장애 시인이라는 것은 가난을 의미한다. 기초생활보호대상자로 국가의 보호를 받고 있다.

시집을 팔아서 돈을 번다는 생각은 그야말로 사치이다. 원고 청탁 원고료가 용돈이 된다는 것은 사치보다 더 심한 허영이다. 그나마 딸에게 "아빠가 오늘 치킨 쏜다."라고 큰소리를 칠 수 있는 것은 강사료를 받았을 때이다.

그는 가끔 버거운 글쓰기를 내려놓고 가벼운 마음으로 집을 나선다. 사람들 앞에서 마이크를 잡는 일, 강의를 위해서이다. 자리에 따라 주제가 다르지만 그가 되도록 빼놓지 않는 이야기는 더하고 빼고 할 것이 없는 바로 자신이 살아온 이야기다.

손병걸의 강의는 한 편의 뮤지컬 같다. 기타를 켜며 이야기를 하다가 노래를 부른다. 그리고 그만의 장점인 시낭송도 한다. 그는 자신의 시를 완벽하게 외워서 감정을 넣어 낭송한다. 그의 시낭송을 들은 사람

문학강연에서

은 가슴을 울리는 그의 한맺힌 듯한 목소리에 푹 빠져 시낭송의 묘미를 느끼게 된다. 고등학교 때 잠시 잡았던 기타를 시각장애를 갖게 된 후에 완벽하게 배웠는데 기타가 손병걸 취미 생활을 넘어 공연을 가능하게 해 주었다.

하지만 시를 쓸 때가 손병걸은 가장 멋있다.

그는 그 어떤 삶도 절대다수의 행복을 위하여 긍정해야 하고 그래서 자신이 쓰는 문자들이 힘찬 문장으로 일어서기를 원하며 그것으로 모든 슬픔이 맑아지기를 간절히 원하는 힐링 시인이다.

시 제목 〈나는 열 개의 눈동자를 가졌다〉를 보고 시각장애를 떠올리는 사람은 거의 없을 것이다. 심미안을 가졌다거나 감시를 받고 있다거나 아니면 미래의 인간상 등 추상적인 해석을 한다. 하지만 시를 한 연한 연 읽어 내려가면서 중도에 실명을 한 사람들이 어떻게 세상에 적응하며 눈 뜬 사람들과 똑같이 살아갈 수 있는지를 아주 선명하게 보여주고 있다. 사람들은 직접 보지 않으면 믿지 않는다. 우리 사회가 얼마나 불신으로 가득차 있는지를 잘 말해 준다. 증거를 들이대지 않으면 받아들이지 않는다. 사람을 믿는다는 것은 바보짓이라고 생각한다.

시인은 시력을 잃게 되었을 때 보지 않으면 믿을 수 없는 사회에서 살 길이 막막하였을 것이다. 무엇이 진짜인지 찾기 위하여 이리저리 눈동자를 굴리며 살다가 눈동자에서 빛이 사라지자 더 이상의 역할을 할 수 없게 된 눈동자는 쪼그라들어 갔다. 앞을 볼 수 없게 된 시인은 볼 수 있었을 때는 잘도 피해 가던 조그마한 장벽에도 번번이 부딪혀 넘어졌다. 시인은 그럴 때마다 두 손을 벌려 바닥을 더듬었다. 얼마나 많이 더듬었던지 손가락이 짓물렀는데 어느 날 시인은 그 손가락 끝에서 새로운 빛이 느껴졌다. 드디어 손끝으로 세상을 보는 방법을 터득한 것이다.

그것을 시인은 '뜬금없이 열리는 눈동자'라고 표현하였다. 중도에 장애를 갖게 되면 살 수 없을 것 같아서 죽을 생각만 하게 되지만 얼마가 지나면 적응을 해서 언제 그랬느냐는 듯이 살게 되는 것이 인간이다. 시인은 장애 때문에 잃은 것보다는 장애 때문에 얻은 것이 더 많다는 것을 알려 준다. 바로 확인하지 않아도 믿는 여유가 생긴 것을 고백하였다. 시인은 두 눈을 잃은 것이 아니라 열 개의 눈동자를 얻은 것이다. 이것이 바로 장애인문학의 가치이다.

(『E美지』 Vol 5, 2017년 가을호)

나는 열 개의 눈동자를 가졌다

손병걸

직접 보지 않으면
믿지 않고 살아왔다
시력을 잃어버린 순간까지
두 눈동자를 굴렸다

눈동자는 쪼그라들어 가고
부딪히고 넘어질 때마다
두 손으로
바닥을 더듬었는데
짓무른 손가락 끝에서
뜬금없이 열리는 눈동자

그즈음 나는
확인하지 않아도 믿는
여유를 배웠다

스치기만 하여도 환해지는
열 개의 눈동자를 떴다

손병걸

인천작가회의 회장
한국장애예술인협회 회원
한국작가회의 회원

2003 「솟대문학」 추천완료(시)
2004 동아일보 백병원 주최 투병문학상 2004 밀알문학상
2005 부산일보 신춘문예 가작
2006 제10회 구상솟대문학상 본상
2007 민들레문학상 대상 2008 대한민국장애인문학상 우수상
2009 전국장애인근로자문학상 금상
2011 수레바퀴문학상 대상
2013 중봉조헌문학상 대상, 건양병원 김안과 주최 마음으로 보는 세상 문학상 대상
대한민국장애인음악제 작시 부문 대상

2010 한국문화예술위원회 표현활동 및 창작지원금 수혜(복권기금 조성 시집 발간)
서울문화재단 창작지원금 수혜
2011 대한민국장애인문화예술대상 국무총리상, 2분기 대한민국 우수문학도서 선정

시집 「푸른 신호등」
「나는 열 개의 눈동자를 가졌다」
「통증을 켜다」
「나는 한 점의 궁극을 딛고 산다」
수필집 「열 개의 눈동자를 가진 어둠의 감시자」

2

아름다워서 가슴 시린 화가

최지현

하고 싶었던 일을 다 해 봐서 여한은 없다

어린 시절부터 26세까지 그녀는 정말 많은 경험을 했다. 수영도 해 보고 말도 타 보고, 미인대회에도 출전해 보고(2000년 전북의 미인대회 '사선녀선발대회')에 나가 진(眞), 방송 리포터로 카메라 앞에 서 보기도 하고, 클럽 DJ로 입담과 댄스 실력을 유감 없이 보여 주었다.

그렇게 활발히 활동하며 주위 사람들의 사랑을 듬뿍 받던 그녀는 두려울 것이 없었다. 자신이 원하는 미래를 향해 질주하고 있었다. 그러

1999년 21세
(리포터 알바)

2000년 22세
(KBS 사선녀전국선발대회 진 인터뷰)

2002년 24세
(가족들과의 마지막 경복궁 소풍)

던 그녀를 멈추게 한 것은 2004년 11월 어느 날 어이 없이 발생한 사고 때문이었다.

2004년 26세(사고나기 3일 전 마지막 사진)

선배 부부네 집들이가 있어서 즐거운 마음으로 선배 부부가 사는 아파트 7층 현관 앞에 도착했다. 아파트가 복도식이었다. 복도 난간 밖으로 머리를 내밀어 친구들에게 소리쳤다.

"너희 언제 올라올 거야?"

순간 몸이 휘청했다. 굽이 10cm나 되는 하이힐을 신고 있던 탓에 중심을 잃고 그대로 아래로 추락했다. 추락 시간은 불과 60초도 안 되었을 텐데 26년 동안의 주요 장면이 편집되어 눈앞에서 영화처럼 돌아갔다. 바닥으로 떨어진 순간 정신을 잃었고 며칠 후에야 병원 중환자실에서 눈을 떴다. 팔과 다리는 깁스로 칭칭 감겨 있었다. '아 참 다쳤지. 뭐 깁스만 풀면….' 속으로 이렇게 자기 상태를 진단했지만 다시는 걸을 수 없다는 애길 들어야 했다. 척수마비에 대해 아무런 지식이 없던 그녀는 그 말을 심각하게 받아들이지 않았다.

최지현은 경추 손상으로 인한 사지마비 이른바 전신마비였던 것이다. 당황한 친구들이 쓰러진 그녀를 큰길로 옮기면서 부러진 뼛조각이 튕겨나가 5, 6번 척수신경을 건드려서 장애가 더 심해졌다.

가만히 있을 수는 없었다

혼자서는 물 한 모금 마실 수 없는 갓난아기가 되었지만 머리는 26

세의 여자였기에 사지마비는 마음을 병들게 했다. 심한 우울증이 그녀를 잠식시켜 가고 있었다. 그러다 2010년 잠실 장애인창작스튜디오를 방문한 것이 미술이란 탈출구를 발견하게 만들었다. 그녀는 대학에서 한국무용을 전공했고 음악이나 방송 분야에서는 잠시나마 일을 해 본 경험이 있었지만 그림을 그린다는 것은 생각하지도 못했었다.

최지현은 미술에 대한 열망으로 서울 사당동에서 경기도 안양에 있는 장애인화실 소울음아트센터에 하루도 빠지지 않고 나가서 회화에 대한 기초부터 배우기 시작했다. 비장애인들은 마음만 먹으면 미술학원, 화실, 문화원 등 다양한 선택권이 있지만 장애인에게는 그런 선택지가 없어서 아무리 멀어도 배우려면 그곳까지 가야 했다.

그녀는 장애인화가들의 전시회나 장애인예술 행사 등에 참여하며 장애인미술 커뮤니티의 일원이 되었다. 그러면서 치료와 취미가 아닌 진짜 화가가 되기 위해 본격적인 미술 공부를 시작했다. 2013년 홍익대학교 미술디자인교육원에서 2년 동안 동양화 채색화를 배우며 한국화에 매료됐고, 이론 공부를 하기 위해 2014년 서울디지털대학교 회화과에 입학하여 사회복지와 복수 전공으로 공부했다. 그러면서 2015년도에는 중앙대학교 문화예술교육사과정에서 미술 전공을 하여 문화예술교육사 자격증을 땄다. 공부를 하는 동안에는 주중은 물론 주말에 실기 수업까지 수강해야 해서 다른 외부 활동을 전혀 할 수 없었다.

화가 최지현

서울시 관악구에 위치한 작업실에서 그녀는 그림을 그린다. 경추신경 손상으로 사지마비가 되면 손을 사용하지 못하지만 어깨 힘을 이용해

팔을 들어올릴 수는 있다. 그래서 그녀는 붓에 나무막대 네댓 개를 이어붙인 후 손목에 밴드로 고정을 시켜 그림을 그린다. 휠체어에 이젤이 걸리기 때문에 그녀는 몸을 옆으로 튼 자세로 작업을 해야 하는데다 여러 번에 걸쳐 색을 쌓아 입히는 채색화 특성상 얇은 붓으로 그림을 그려야 하는 세밀한 일이기 때문에 작업을 마치고 나면 몸의 여기저기가 쑤시는 근육통에 시달리고 있다.

손에 힘이 없어서 붓을 떨어뜨리거나 먹물을 쏟는 일이 다반사이다. 손에 감각도 없다 보니 직선 하나를 긋기 위해서는 연필로 50번을 그렸다 지웠다 반복해야 한다. 그래서 작품 하나를 완성하는 데 10개월이 걸릴 때도 있을 만큼 작업이 쉽지 않다.

그녀는 먹과 한지를 이용한 동양화 채색화를 전문적으로 그리고 있다. 분채(粉彩)를 아교(阿膠)에 개어 한지에 작업하는 한국화도 그녀의 주특기이다. 그녀는 고양이를 그린 작품이 많다. 그녀가 키우는 페르시안 고양이가 모델이다. 고양이 이름은 야동으로 움직임을 이끈다는 뜻이다. 고양이는 그녀의 페르소나(Persona, 작가의 분신)다.

그녀가 그린 고양이는 모두 파란색이라는 특징이 있다. 2009년 개봉한 영화 〈아바타〉에서 영감을 받았다. 영화 속에서 장애를 가진 주인공은 아바타를 통해 자유를 얻게 된다. 그녀 역시 자신이 키우는 고양이를 통해 자신을 그리고 있는 것이다. 그녀

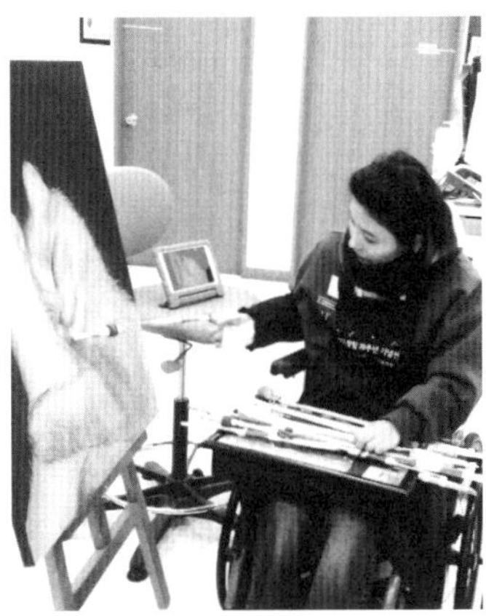

2016년 병원 2인전시 주말에 진료실 앞
(장애인미술대전 공모작 작업 중)

의 작품에는 고양이 외에도 손과 발, 핑크색 리본 등이 자주 등장한다. 손과 발은 자유롭지 못한 화가 본인을 나타낸다. 핑크색 리본은 유방암 수술 후부터 그리기 시작했다. 핑크색 리본은 유방암을 상징하기 때문이다.

그녀 작품의 최근 주제는 연꽃이다. 삶을 포기할까 고민하던 순간 '진흙에서 피어난 연꽃'이라는 글귀가 마음에 와닿았다. 힘든 상황에서도 꽃을 피워 내는 연꽃처럼 살기로 결심하였기 때문이다. 수묵담채, 전통채색, 디지털콜라주로 연꽃에 다양하게 표현되는 한국화의 매력을 담았다. 재미없고 진부한 한국화가 아니라, 새롭고 신비로운 한국화로 변신시키고 싶어서이다.

암과 투병하며 대학원 도전

2016년 겨울 가슴에 큰 몽우리가 잡혔다. 직감적으로 유방암이란 것을 알았다. 인터넷에서 유방암 증상을 찾아보니 딱 맞아떨어졌다. 하지만 그녀는 아무한테도 말하지 않았다. 죽을 수 있는 기회라고 생각했다. 그 사실을 알아챈 남편이 눈물로 호소하는 바람에 2017년 8월 유방암 수술을 받고 붓을 내려놓아야 했다.

"곰곰이 죽고 싶단 생각은 사실 간절하게 살고 싶단 말과 같더라구요. 진통에서 벗어나자 바로 '뭘 그려 볼까?'라며 새로운 욕구가 생겼어요."

몸을 추스른 후 2018년 홍익대 미술대학원 석사과정(동양화전공)에 입학했다. 사람들은 그녀에게 편하게 살라고 충고해 주지만 숨만 쉬고 산다면 그것은 죽은 것과 다름이 없다고 생각하기에 살아 있는 한 계속 도전하는 삶을 살고 있다.

사랑과 결혼

최지현은 2007년 3월 24일에 국립재활원 강당에서 이범석 부장(현재는 원장) 주례로 결혼식을 올렸다. 올해로 결혼 12주년이 되지만 아직도 신혼처럼 살고 있다. 남편을 만난 것은 재활병원에서였다. 남편 조남현은 그녀보다 세 살 위인 작업치료사였는데 그녀 담당도 아니었지만 그녀 병실에 찾아와서 상태를 살펴보며 밥을 잘 안 먹으면 죽을 사다 주고, 딸기도 사다 주는 등 최지현을 챙겨 주었다.

2007년 결혼식(국립재활원 이범석 원장님 주례 1호 부부 부케던지기 & 축하해 주러 온 가수 강원래)

하지만 그녀는 먹을 것을 잘 사다 주는 친절한 치료사라고만 생각했을 뿐이었다. 어느 날 입원 동료가 귀띔해 주었다.

"조 선생이 너 남친 있냐고 물어보길래, 다치고 나서 헤어졌다고 했다. 너한테 관심이 많던데."

지현은 그 말에 쓸데없는 소리한다고 핀잔을 줬지만 조 선생의 관심에 신경이 쓰였다. 그러다 서로 호감을 갖는 사이가 되었다. 어느 날 그가 성급하지 않게 다가가겠다는 고백을 했다.

얼마 후 조 선생 어머니께서 병원에 찾아오셨다. 어머니는 아들에게 얘기 많이 들었다며 지현의 손을 잡고 '내 며느리가 될 것 같네.'라고 말씀하셨다. 얼마 후 어머니와 함께 아버지도 병원에 찾아오셨다.

"나는 순서가 바뀌었다고 생각할 뿐이다. 며느리가 된 후 다친 것과 다친 후 며느리가 된 것과 무엇이 다르겠니."

이미 남편이 부모님을 설득하여 허락을 받아 놓았던 것이다. 오히려 지현 어머니께서 반대하셨다. 살다 보면 어려운 일이 많이 생기는데 마음이 변해 헤어지면 딸이 받게 될 상처가 더 클 것이라는 염려에서였다.

"남편과 함께 다니면 주변에서 '남편이 천사야', '아내 돌보느라 힘들지', '신랑이 착하네' 등의 얘기를 많이 들었어요. 단지 몸이 조금 불편하고 장소적인 제약이 따를 뿐이지 다른 부부와 같은데 제가 장애인이라는 이유로 평범하게 바라보지 않았죠. 그들의 말 속엔 늘 가시가 있어요. 굳이 하지 않아도 될 말을 툭툭 던질 때마다 저뿐만 아니라 남편까지 깊은 상처를 받기 때문에 더 속상해요."

그녀는 결혼하면서 자녀를 갖지 않기로 남편과 합의를 보았다. 서로에게 충실하기 위해서였다.

앞으로 목표

복수 전공으로 사회복지학을 배우며 사회복지에도 관심이 생겨서 지역아동센터에서 어린이들을 위해 자원봉사를 하고 있는 최지현 작가는 흔히 접할 수 없는 먹과 동양채색 등으로 색다른 경험을 할 수 있도록 미술 수업을 진행하기 때문에 어린이들이 무척 좋아하는 모습을 보며 자신의 전공을 살려 보다 많은 사람을 돕고 싶어졌다. 미술을 통해 새로운 인생을 살게 된 자신처럼 누구나 미술을 즐길 수 있게 하고 싶다는 꿈이 생긴 것이다.

여행스케치를 갔다가 욕창이 생겨 1년 동안 침대에서 지낸 적도 있고, 첫 개인전 준비를 하느라 병이 나서 막상 전시회 내내 병원에 입원해 있느라고 주인공 없는 전시회였지만 600여 명의 관람객이 다녀갈 정도로 성공을 거두었다. 그녀는 면역성이 떨어져 폐에 물이 차서 고열로 혼수상태에 빠지는 등 늘 건강의 위협을 받지만 자신의 작품을 인정해 주고 아껴 주는 사람들이 있어 자리를 털고 다시 캔버스 앞에 앉는다.

몇 시간을 달려온 건물에 주차할 곳이 없어서 돌아가야 하나 망설여야 하고, 휠체어가 들어가는 책상이 없어서 공부를 할 수가 없어 책상 구하러 다니느라고 남편이 이리저리 뛰어다니며, 실습을 받아 주는 사회복지 기관이 없어서 여기저기에 사정을 해야 하고… 이렇듯 최지현은 자기가 원하는 것을 얻기 위해서 하루도 싸우지 않는 날이 없다고 할 정도로 지금도 아슬아슬하게 하루를 보내고 있지만 그녀는 자신의 목표를 향해 숨차게 달려갈 것이다.

수묵화 수업(보조도구를 이용해 붓을 잡아 작품 시작 전 손을 풀어줌)

"스트레칭할 시간이예요."

그림 작업을 하면 10시간씩 같은 자세로 그림을 그리기 때문에 남편이 인공지능 스피커에게 1시간에 한 번씩 목소리 알람을 해 주도록 설치해 놓았다. 이런 알뜰한 외조로 최지현은 장애와 투병이라는 무거운 운명과 맞서 화가로 발전하고 있다.

(『E美지』 Vol 12, 2019년 여름호)

최지현

홍익대학교 미술대학원 동양화전공 석사과정
서울디지털대학교 회화과 졸업(사회복지학 복수전공)
백제예술대학 전통공연예술과 전통무용전공 졸업

국가공인/ 초 · 중등 음악실기교사 교원자격증, GTQ 그래픽기술자격 2급,
문화예술교육사(미술) 2급, 사회복지사 2급
민간/ 미술심리상담사 2급, 창의미술지도사, 창의미술심리지도사

2014 (사)한국장애인미술협회 희망키움 장애인미술경진대회 수채화 장려상
2015 제30회 (사)한국장애인미술협회 희망키움 장애인미술경진대회 한국화 최우수상
(사)장애인단체총연합회 JW어워드 입선, 제25회 (사)한국장애인미술협회 대한민국장애인미술대전 한국화 입선
2016 제31회 (사)한국장애인미술협회 희망키움 장애인미술경진대회 서양화 특선
제6회 동작현충미술대전 일반부 공모전 수채화 입선, 제29회 (사)지체장애인협회 전국장애인종합예술제 동양화 최우수상, 제1회 (사)한국장애인미술협회 국제장애인미술대전 한국화 특선, 제26회 대한민국장애인미술대전 한국화 우수상
2017 제7회 동작현충미술대전 일반부 공모전 한국화 입선, 제27회 대한민국장애인미술대전 한국화 입선, 제6회 (사)꿈틔움 공모전 꿈을 날다 서양화 특선, 일러스트 입선 제4회 JW아트어워즈 꿈을 그리다 한국화 입선, 제7회 꿈을 날다 일러스트 특선
2018 제31회 (사)지체장애인협회 전국장애인종합예술제 일러스트 가작
2019 JW아트어워즈 대상
2020 이원형어워드 수상

개인전 2회(2018, 2021), 그룹전 50여 회 참여

3

한 손 마술사

조성진

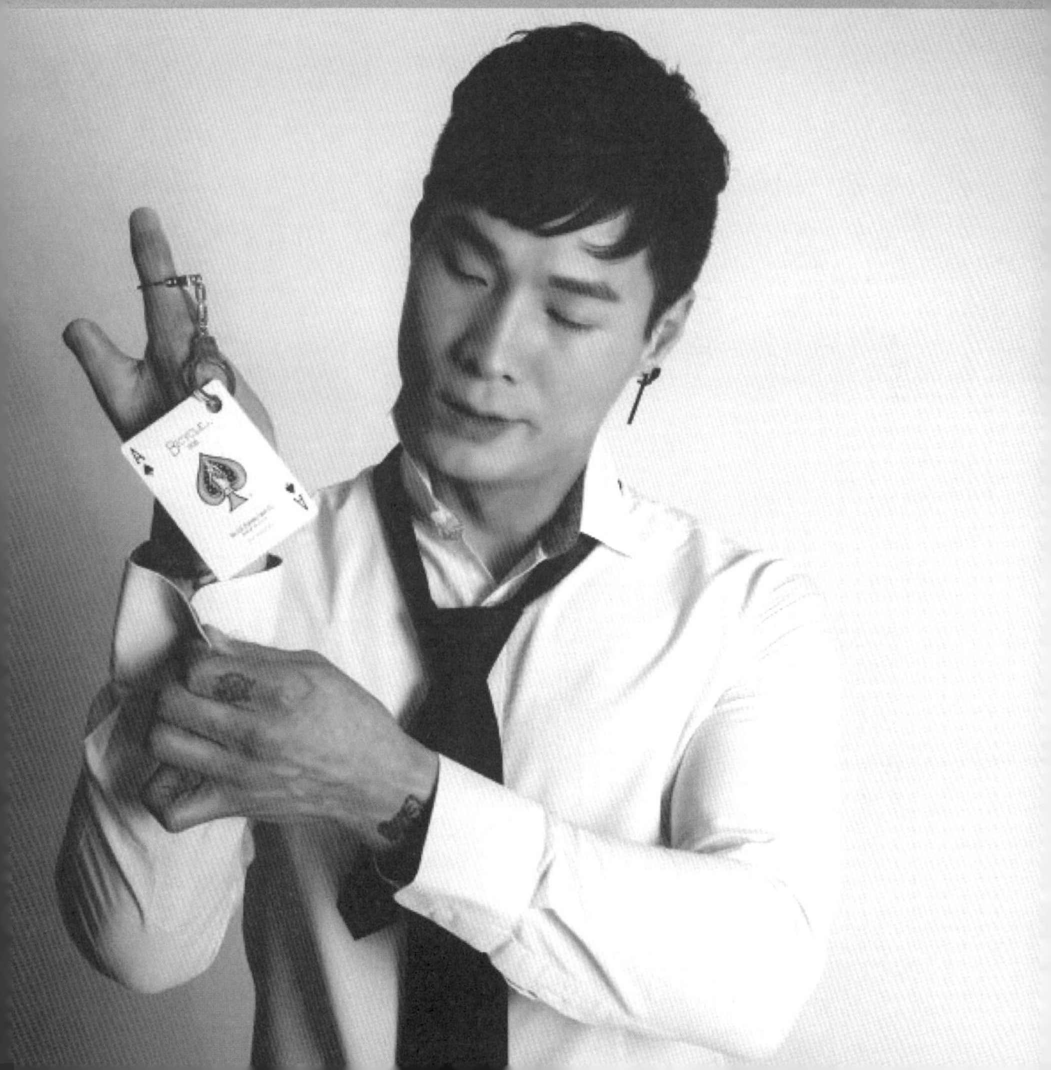

한 손 마술사가 된 사연

2011년 tvN 〈코리아 갓 탤런트〉의 TOP10에 든 마술팀 '이스케이프'가 특별한 사연을 가진 멤버를 소개해 시청자들의 관심이 모아졌었다. 바로 한 손 마술사 조성진이다. 조성진은 마술 공부에 한창이던 고등학교 시절인 2004년 선배의 마술 공연을 돕던 중 특수효과에 사용되는 폭약을 오작동하고 말았다. 마술을 시작한 지 1년이 채 안 되었기 때문에 모든 것이 서툴렀다.

"연기가 걷히면서 오른손이 보였는데 내 손이라는 생각이 안 들었어요. 아프다는 느낌도 없었어요. 그저 마술을 계속할 수 없겠구나라는 생각만 들더라구요."

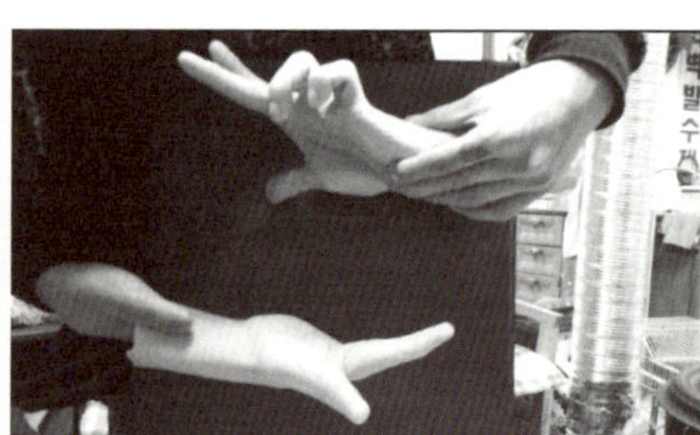

마술은 그가 유일하게 하고 싶던 일이고 인생의 목표였는데 그것을 못하게 되었다는 생각에 자신을 놓아 버렸다. 어느 날 거울을 봤는데 키가 180cm인 자신이 90kg의 뚱보가 되어 볼품 없는 모습으로 거울 속에 서 있었다.

"다른 사람이 서 있는 듯했어요. 나 자신이 너무 허접해 보였지요. 순간 내가 이러려고 마술을 시작했나 싶더라구요."

그는 마술을 포기할 수 없다면 마술을 할 수 있는 방법을 찾으면 되겠다는 생각에 밤을 새워 가며 양손 마술을 한 손 마술로 변형시켜 나갔다. 그리고 다시 공연 무대에 섰다. 첫 공연부터 성공한 것은 아니었다. 실수가 많아 첫 공연은 만족스럽지 않았다. 그리고 한 손이 온전치 못한 것을 드러내고 시작하니 관객들이 동정을 했다. 그래서 그는 오른손을 주머니에 넣고, 한 손으로도 마술을 잘 한다는 식의 건방진 마술사 콘셉트를 잡았다. '실력이 좋아 한 손으로 마술을 한다.'고 말하자 관객들의 호기심을 불러일으켰고 호응도 높아졌다. 하지만 공연이 끝난 후 그가 주머니에서 손을 꺼내 두 개밖에 남지 않은 뭉뚝한 손을 보여 주자 관객들은 그에게 따뜻한 박수를 보내 주었다. 이렇게 다시 도전할 수 있었던 것은 방황하던 시절 주변의 좋은 분들의 도움이 있었기 때문이라며 특별히 강원래에게 고마움을 표했다. '무대에 많이 서 본 선배님이라 무대에서의 포즈, 사소한 동작, 음악 선정 등 연출에 대해서도 많은 조언을 해 주며 굉장히 많이 챙겨 주었다.'고 했다.

마술사의 꿈

그는 2006년 부산에서 개최된 제1회 부산국제매직페스티벌에 출전하였다. 상을 받기 위해서가 아니라 한 손으로 마술을 하는 사람도 있다는 것을 세상에 알리기 위하여 도전한 것인데 4위를 했다. 그는 카드마술을 선보였는데 카드마술이야말로 두 손으로 해도 힘든 기술이라서 한 손 마술이 주목을 받았다.

2007년도에는 SBS-TV의 〈스타킹〉에 도전하여 2승을 하여 시청자들에게 한 손 마술이 가능하다는 것을 보여 주면서 깊은 인상을 심어 주었다. 그리고 2009년부터 강원래가 창단한 장애인 공연단 '꿍따리 유랑단' 단원으로 전국 공연을 다녔다. '꿍따리 유랑단 단원을 뽑는 오디션'이라는 줄거리를 가진 공연에서 그는 자신의 실제 모습을 드러내며 사고 순간, 절망 극복 과정 등을 마술로 풀어냈다. 소년원을 찾아다니며 공연을 했는데 청소년 관객들은 공연을 보며 순간의 실수를 극복하고 다시 살아갈 힘을 얻었고 그 역시 관객들의 반응에 용기를 얻었다. 그는 이제 더 이상 장애를 숨기지 않는다. 자신의 장애를 고스란히 드러내는 마술을 보여 주고 있다. 그는 마술을 하며 이런 이야기를 한다.

"나도 사고 전에는 완벽한 몸을 갖고 있었습니다. 장애가 나와는 상관 없는 일이라고 생각했죠. 하지만 장애는 한순간에 찾아왔습니다."

탁해질대로 탁해져서 검은색이 된 어항에 열정을 상징하는 빨간색 모래를 넣고, 긍정을 뜻하는 노란색 모래, 희망을 뜻하는 파란색 모래를 넣자 어항의 물이 맑은 색으로 변해 물고기가 움직이는 마술은 마술보다 더 강한 메시지를 주고 있다.

그래서 그에게 요즘 마술이 있는 강의 요청이 많다. 조성진은 이제 자신있게 말한다.

"오히려 장애가 나 자신을 표현하는 무기가 된 것 같다."

마술은 콘서트 오프닝 무대라든지 드라마나 영화 등 다양하게 이용될 수 있는 장르이다. 외국에서는 마술이 노인의 치매예방 효과가 있는 것으로 알려져 치료에 활용되고 있는데 우리나라는 마술이 대중화되지 않아서 마술사들이 설 자리가 매우 부족한 것을 안타까워하면서 방송은 물론 드라마나 영화 등에서 자주 마술을 보여 줄 수 있기를 희망했다.

(『E美지』 Vol 9, 2018년 가을호)

조성진

2006 SBS 생방송투데이 신인간시대/MBC 표준FM 변창립 세상 속으로/KBS2 VJ클럽/KBS2 감성매거진 행복한 오후/EBS 죽마고우

2007 SBS 놀라운대회 스타킹/MBC 공감 특별한 세상/MBC 생방송 화제집중/KBS1 오천만의 일급비밀/KBS2 세상의 아침/KBS2 사미인곡

2008 KBS3 내일은 푸른하늘/KBS1 사랑의가족/YTN 스페셜 행복한 동행/아리랑TV Korea Now/KBS3 강원래의 노래선물/SBS 희망TV24/KBS1 아침마당/KBS3 내일은 푸른하늘/KBS1 사랑의 가족/YTN 스폐셜 행복한 동행/아리랑TV Korea Now/KBS3 강원래의 노래선물/SBS 희망TV24/KBS1 아침마당/1to1 장애극복 미션 임파서블

2009 SBS 출발 모닝와이드/KBS1 사랑의 가족

2010 KBS1 성탄특집드라마 〈고마워 웃게 해 줘서〉

2011 MBC 뉴스데스크/MBC TV특종 놀라운 세상/EBS 뉴스人/TVN 코리아 갓 탤런트/KBS2 여유만만/SBS 희망TV특집드라마 유쾌한 삼총사

2012 KBS2 뉴스타임 화제포착/KBS2 동행/채널A TOP매직/채널A 스토리텔링 매직쇼/KBS1 현장르포 동행/EBS 희망풍경/MBC 희망나눔 무지개

2006 송동선이 만난 사람, 당신이 최고야 출판기념회

2007 알렉산더 매직바 크리스마스 파티/늘푸른 크리스마스 파티/하이리빙 성공사업자 파티

2008 METLIFE 2008 Sales Strategy Conference/매직캣컨벤션 게스트 공연/수원 알렉산더 매직바 발렌타인데이 파티/영동세브란스병원 환자와 주민을 위한 별밤잔치/영락교회 Speak Out/대전 뷰티풀 챌린지/장애어린이 문화체험 극장으로 가는 길/국악과 함께하는 기적의 한 손 마술사 조성진의 매직갈라쇼/서부 가을 콘서트/익산시 장애인종합복지관

2009 푸르메재단 후원자의날/꿍따리유랑단 신나는 예술여행 전국투어/꿍따리유랑단 책 출판기념/KBS 사랑의 가족 봉사활동/보조기구전시회 아테크페스티벌

2010 안양해솔학교 희망나눔 소통콘서트/제4회 광양시청소년 라라라/남부교육청 희망콘서트/한국절단장애인협회 송년의 밤

2011 이은결 사단의 팝매직 콘서트 ESCAPE/에레즈의 두 번째 감사제/장애인식개선 캠페인 함께할 사람 함께한 사람/삼성카드 찾아가는 행복 초대석/메이크어위시 희망의 밤

2012 제28회 전국장애인부모대회/여주 국제장애인문화엑스포/문화공연 꿈, 날개를 펼치다/삼성전자 강연/꿍따리유랑단

4

민요 요정

이지원이 기대되는 이유

코로나19로 4월 20일이 아닌 지난 7월 24일 서울 63컨벤션센터에서 열린 제40회 장애인의 날 행사에서 시상되는 '올해의 장애인상'은 발달장애 국악인 이지원에게 돌아갔다.

'올해의 장애인상'은 1996년 우리나라가 제1회 루즈벨트 국제장애인상 수상을 계기로 제정한 장애인 분야 최고 권위의 상이다.

부모 초년생에게 닥친 시련

여느 부부들처럼 결혼 후 가장 기쁜 소식은 임신이고 가장 큰 일은 출산이었다. 그런데 예정 일이 일주일이나 지나도 아기가 나올 생각을 하지 않아서 유도 분만을 하다가 결국 수술을 했다. 그렇게 어렵게 2000년 충남 공주에서 태어난 아기가 이지원이다. 그런데 의사는 초년생 부모에게 이렇게 말했다. 탯줄을 감아서 심장에 문제가 생긴 것 같다고… 지원은 선천성 대동맥협착 심장질환을 갖고 태어났다. 좀 더 정확한 진단을 받기 위해, 아니 아무런 문제가 없고 설사 있다 해도 말끔히 고칠 수 있다는 확인을 받고 싶어서 서울대학병원으로 갓 태어난 아기를 데리고 검사를 하러 다녔다. 그런데 대동맥협착이 좌우에 나타난다는 더 심각한 진단을 받았을 뿐 아니라 염색체 이상인 윌리엄스 증후군 증세까지 있어서 평생 낮은 지능과 약한 체력으로 살아야 한다는 감당하기 힘든 진단을 받았다.

"잘 관찰하면서 키우세요. 이런 아이들이 미술이나 음악에 남다른 재능이 있는 경우가 있어요."

지능이 낮은 지적장애라고 해 놓고 무슨 남다른 재능이 있다는 것인지 앞뒤에 맞지 않은 말이라서 믿지 않았다. 마음대로 울지도 못했다. 부부 외에 그 누구에게도 알리고 싶지 않았기 때문이다.

병원과 각종 치료실을 오가며 재활치료를 이어 갔지만 지원이는 걸음과 언어… 신체 발달이 또래에 비해 늦었다. 사람들이 지원이를 쳐다보면 죄지은 사람처럼 얼른 종종걸음으로 도망쳤다.

지원이의 재능 발견

엄마는 일반교육을 고집했다. 장애인 등록을 거부한 것이다. 지원이에게 장애라는 굴레를 씌워 주면 딸이 불행해질 것이라고 생각했다. 그래서 일반학교에 보내고 일반학원에 보냈지만 또래들과 제대로 어

울리지 못했다. 그런데 엄마는 지원이가 울다가도 음악을 들으면 그칠 정도로 음악에 반응하는 것을 발견했다. 악보를 볼 줄 몰라도 한번 듣고 피아노로 그대로 실연하는 절대음감의 재능을 갖고 있다는 것을 알았을 때 의사 선생님이 하신 말씀이 생각났다.

지원이에게 피아노를 가르쳤지만 음악 공부가 쉽지 않았다. 그래서 악보가 없어도 배울 수 있는 국악을 선택했다. 지원이는 초등학교 1학년 때 공주 박동진판소리전수관에 들어갔다.

전수관에서 길을 찾은 듯 이지원은 판소리의 긴 가사를 한번 듣고 바로 외우는 재능까지 보이면서 주변을 놀라게 했다. 전수관의 판소리 강사도 감탄할 정도였다.

뛰어난 기억력, 절대음감 등 남들이 가지지 못한 것들을 가졌어도 판소리 공부를 따라가기 힘들었다. 약한 체력이 문제였다. 결국 중학교 진학 무렵 5년간 열정을 쏟은 판소리를 포기하고 경기민요로 전공을 바꿨다. 경기민요는 자진모리장단을 가장 좋아하는 이지원의 끼와 흥, 재능과 맞아떨어졌다.

장애인 등록을 하다

엄마는 지원의 성장과정에서 상급 학교로 진학을 할 때마다 홍역을 치렀다. 고등학교를 예고로 보내고 싶었다. 그래서 천안에 있는 충남예고 국악 담당 선생님께 상담을 하러 갔다. 그 선생님은 학교생활을 하는 것은 엄마가 아니고 지원이라고 하면서 엄마가 욕심을 부리면 아이가 힘들다고 충고해 주었다. 장애 판정을 받고 집에서 가까운 공주여고 특수반에 진학해서 지원이가 원하는 공부를 할 수 있도록 해 주어야 한다는 것이었다.

순간 섭섭했지만 돌아오면서 엄마는 많은 생각을 했다. 장애인 등록을 거부한 것이 진정 지원이를 위한 일인지 엄마를 위한 일이었는지 생각하며 반성했다. 장애는 거부한다고 지워지는 일이 아니었다. 일반학교에서 비장애아이들과 비교당하며 움츠러들게 한 것이 후회스러웠다. 장애를 당당히 수용하고 장애아동들과 함께 어울리며 자신이 잘할 수 있는 것을 마음껏 펼칠 수 있는 기회를 만들어 주는 것이 필요하다는 생각이 들었다.

그래서 엄마는 지원이 장애인 등록부터 하고 공주여고 특수반에 진학시켰다. 그런데 신기하게도 충남예고에서 뵈었던 선생님이 공주여고로 발령을 받아 오셨다. 바로 박영주 선생님이다.(현재는 세종예고에 근무하심)

민요 자매로 활동하며

고등학교 1학년 때 2017년 장애청소년예술제에 출전하여 대상을 받았고, 이어서 제5회 대한민국장애인예술경연대회 스페셜K에서 심사위원장상을 수상하면서 주목을 받기 시작했다.

지원은 장애인 단체와 노인복지센터, 특수학교 등 주변의 어려운 이웃을 찾아가 재능기부 활동을 펼쳤고, 방송 프로그램에도 출연하면서 발달장애인의 가능성을 보여 주었다.

2018년 일본 동경골드콘서트에서 특별상을 수상하여 한국의 장애인들이 얼마나 당당하게 살고 있는지를 알려 일본 사람들에게 깊은 인상을 심어 주었다. 태국 · 몽골 · 네팔 · 오스트리아 · 체코 등에서 열린 공연에도 참여했다. 소리꾼으로 활동한 10여 년 동안 350차례가 넘는 공연 무대에 오를 정도로 활발한 활동을 하고 있다.

이렇게 대중적인 인기를 모을 수 있었던 것은 동생 송연이 덕이 크다. 언니 지원과 여덟 살 차이가 나는 송연이는 엄마와 함께 언니를 따라다니다가 여섯 살 때부터 국악에 관심을 보여 언니와 함께 레슨을 받으며 어느덧 언니의 음악 파트너로 무대에 서고 있다. 장애인 형제인 경우 비장애 형제가 겪는 어려움이 있기 마련인데 송연이는 오히려 언니 덕분에 국악을 접하고 공연도 하게 되었다고 고마워한다.

송연이는 올해 초등학교 6학년인데 한국예술종합학교에서 운영하는 한국예술영재교육원에서 초·중·고교생을 대상으로 하는 영재 선발의 전통예술 분야 민요 부문에 최종 합격하여 앞으로 매주 민요, 장단실기, 전통사설연구 등 전문적인 교육을 받게 되었다.

앞으로 더 기대되는 이유

충남에서 '올해의 장애인상'을 수상한 것은 이지원이 처음이라서 충청남도의 영광이기도 하다.

국악인 송소희 씨를 가장 좋아한다는 이지원은 수상도 기뻤지만 자신의 로망인 송소희 씨와 함께 공연을 한 것이 그녀의 꿈에 자신감을 불어넣어 주었다.

올해 나사렛대 음악목회학과에 입학하여 어엿한 대학생이 된 이지원은 수상 소감으로 '전 세계 사람에게 아리랑을 들려주고 한국 장애인예술의 우수성과 국악의 위상을 높이고 싶다.'고 말했다.

지금도 공주에서 경기도로 매주 한 번씩 레슨을 받으러 온다. 학원을 운영하는 아빠는 짬을 내서 운전을 해 주고 엄마는 민요 자매의 의상부터 레퍼토리까지 챙기는 매니저 역할을 한다. 송연이도 자기 길을 가기 위해 공부를 하고, 지원이도 전문 국악인이 되기 위해 열심히 노력하고 있다.

민요자매는 지금도 뛰어난데 더 공부하며 노력하는 과정에서 더욱 발전하는 모습을 보여 줄 것으로 기대된다.

(『E美지』 Vol 18, 2020년 겨울호)

이지원

2017 제10회 전국장애학생음악콩쿠르 대상(교육부장관상)
2017 제10회 전국장애청소년예술제 대상(문체부장관상)
2018 이음가요제 은상
2018 일본 동경골드콘서트 15주년 특별상
2019 대전전국국악경연대회 장애인부 대상
2019 제7회 대한민국장애인예술경연대회 장예총 상임대표상
2020 올해의 장애인상 대통령상

2018, 2020 장애인의 날 정부기념식 축하공연
국악인 송소희와 콜라보 공연
모스틀리 필하모닉오케스트라, 가수 김장훈과 협연
충남 연정국악원 정기연주회 협연
2018 평창동계패럴림픽 문화공연 오스트리아, 체코, 일본, 몽골, 네팔, 태국 해외공연

KBS-1TV 〈노래가 좋아〉 3연승/KBS 국악한마당/KBS 아침마당/KBS 사랑의 가족
EBS 희망풍경/국악방송 민요자매와 문어래퍼(고정욱 글, 다림) 동화책 발간
2021 계룡세계군문화엑스포 홍보대사/국립충청국악원 공주유치 홍보대사
한국장애인국제예술단 정단원

5

왼손 피아니스트

이훈

왼손 피아니스트 이훈의 피아노 리사이틀이 지난 6월 5일(수) 오후 8시 로로스페이스, 6월 12일(수) 오후 8시 JCC아트센터 콘서트홀에서 열렸다. '나의 왼손; 한 손으로 희망을 연주하다'라는 부제를 가진 이훈의 피아노 연주회를 감상하기 위하여 많은 관객들이 찾아 주었다.

뇌졸중 이전

치명적인 조건

피아니스트 이훈은 장래가 촉망받던 피아니스트였다. 선화예술고등학교 재학 중 독일로 향하여 독일 함부르크 국립음대 Diplom-Musiklehrer과정을 수료하였고, 뤼벡 국립음대 AKA Diplom 과정 졸업 및 반주자과정을 수료하였으며, 네덜란드 Utrecht 국립예술대학 Tweede Phase과정을 졸업하였다. 또한 이탈리아 Le muse 콩쿠르, Terme AMA Calabria 콩쿠르 Diploma 수상을 하며 연주자로서의 입지를 굳혀 나갔다.

그런데 그는 2012년 미국 신시내티대학 박사과정에서 논문을 쓰던 중 뇌졸중으로 쓰러졌다. 논문을 쓰기 위해 신경을 많이 쓰면서 무리를 한 탓이었다. 혼수상태에서 간신히 깨어났지만 후유증으로 왼쪽 뇌의 60%가 손상되어 오른쪽 팔, 다리가 마비되고 언어장애까지 갖게 되었다. 피아니스트에게 오른쪽 팔다리를 쓰지 못한다는 것은 너무나도 치명적인 조건이다. 주요 멜로디 라인을 담당하는 오른손을 쓸 수 없으며, 왼발로 페달을 밟기 위해 몸의 균형이 무너지면 리듬을 타기 힘들기 때문이다.

절망적인 상황에서 피아노를 포기할 생각도 했지만 어느 날 은사인 전영혜 선생님께서 '왼손이라도 해 보지 않을래.'라는 말씀에 희망을 갖게 되었고 왼손 피아노 연주곡이 천 곡이 넘는다는 것을 알고 용기가 생겨 한 손으로 피아노를 다시 치기로 결심하였다. 결국 4년여의 힘겨운 재활치료를 받고 지난 2016년 서울성모병원에 마련된 피아노독주회에 왼손 피아니스트로서 대중 앞에 다시 섰다. 혼신을 다하는 그의 연주에 관객들은 눈시울을 적셨다. 그의 연주를 통해 희망을 얻었다며 환자들이 아낌없는 응원을 보냈다.

성모병원 연주

이런 의지와 노력을 알게 된 신시내티대학에서 그에게 특별한 제안을 하였다. 이례적으로 그에게 미국에서 7번의 연주회를 마치면 박사학위를 수여하기로 한 것이다. 포기했던 박사학위를 받을 수 있다는 기쁨에 피아노 앞을 떠나지 않으며 연습에 몰두하였다. 연습을 하면 할수록 왼손 피아니스트가 자신의 운명이란 생각이 들었다. 그는 결국 조건을 달성하여 지난 2017년 박사학위(DMA)를 받았다.

박사학위논문 때문에 찾아온 뇌졸중인데 박사학위가 그를 다시 일으켜 세워 주었다. 그는 사회적기업 (주)툴뮤직의 소속 아티스트로 활동을 하게 되었다. 정은현 대표의 알뜰한 보살핌으로 이제 그는 안정적으로 연주 활동을 할 수 있다.

그는 이번 리사이틀에서 이례적으로 왼손만을 위한 독주 프로그램을 선보였다. 1차 세계대전에서 오른팔을 잃은 뛰어난 피아니스트이자 친구였던 비트겐슈타인을 위해 작곡한 고도프스키의 'Meditation and Elegy', 오른손 부상의 아픔 속에서 자신을 성찰하며 그 고통을 승화한 스크리아빈의 아름다운 작품 'Prelude and Nocturne Op.9', 마지막으로 오랜 연주 생활로 오른손이 마비된 클라라를 위해 브람스가 편곡한 작품 바흐-브람스의 'Chaconne BWV1004' 등 왼손만을 위한 피아노 독주곡들을 연주하여 뜨거운 갈채를 받았다.

박사학위

이번 리사이틀에서 더욱 주목을 끈 것은 평소 피아니스트 이훈의 재기를 위해 노력을 아끼지 않았던 피아니스트 김은희와 함께 모차르트의 'Fantasia K.397'과 번스타인의 세 손을 위한 'Bridal Suite in Two Parts'를 연주하였기 때문이다.

한 손 연주를 할 때, 어떤 마음으로 임하는지

처음에는 한 손으로 피아노를 치는 것을 상상도 못했으나, 지금은 두 가지 마음으로 피아노를 치고 있습니다. 첫째는 피아노를 침으로써 뇌졸중에 있는 사람들, 나아가서 절망에 있는 사람들을 위로해 주고 희망을 줄 수 있다는 점이고, 둘째 실질적으로 피아노를 치면 칠수록 오른손이 나아진다는 점입니다. 이렇게 이야기하면 이해를 못할 수도 있으니 한 가지 예를 들자면, 왼손만 치게 될 경우와 오른손을 건반에 올리고 왼손으로 칠 경우는 확실히 다른 게, 오른팔 근육이 완전히 다

독주회

서래마을 로로스페이스에서

김은희 선배, 이훈, 정은현 대표

르거든요. 그리고 상체가 확 펴집니다. 그래서 오른손을 건반에 두고 왼손으로 치는 겁니다. 그리고 오른쪽 페달을 밟는 것을 매일 연습하는데, 그럼으로써 오른발 근육이 향상되는 것을 느낄 수가 있습니다. 그러니 오른발로 페달 밟는 것을 연습하지 않을 수 없습니다. 원래 오른발로 페달을 밟는 것이거든요. 그러니 오른발로 페달 밟는 것은 일석이조가 되는 것입니다.

은사님의 도움으로 한 손으로 피아노를 다시 치기로 결심하였다고 하였는데 어떤 지지를 해 주셨는지

전영혜 선생님께서 '양손으로 피아노를 칠 수 있는 사람들은 헤아릴 수 없이 많다. 그러나 왼손으로 피아노 칠 수 있는 사람은 거의 없다. 그러니 계속 피아노를 공부해라. 첫 번째 공부는 내 제자들 연주회에서 모차르트 환상곡을 네가 왼손을 치고, 내가 오른손을 치는 걸로 하자.' 고 하시면서, 정말 끝도 없는 지지를 보내 주셨습니다.

다시 피아노를 시작했을 때 가장 기뻐했던 사람은

아무래도 아버지, 어머니 아니셨을까요? 어머니는 마비된 오른쪽 팔을 쓰다듬어 주시며 하염없이 눈물을 흘리셨습니다. 왼손으로 연주하는 재기 연주회 때도 어머니는 계속 눈물을 닦으셨습니다.

한 손 피아노 연주를 대하는 관객들의 수준은

관객 수준은 그야말로 최고였습니다. 경청하는 태도, 그리고 연주가 끝난 다음 환호까지도… 세계적인 수준입니다. 한국의 음악성은 세계 최고가 아닐까 합니다.

이훈 피아노 리사이틀 포스터

일요일 정오에 한국 KBS와 일본 NHK에서 똑같이 노래자랑 프로그램을 방영하는데, 일본 노래자랑을 보다가 한국 노래자랑을 보면 다들 가수입니다. 반대로 한국 노래자랑을 보다가 일본 노래자랑을 보면 참 노래를 못한다는 생각이 듭니다. 무엇보다도 정말 흥이 많습니다. 노래자랑에서 흥겨운 노래가 나오면 누가 가르쳐 주지 않아도 다들 춤을 춥니다. 그 정도로 유전자 속에 음악이 있습니다.

제2의 피아니스트 인생의 목표는

한 손 피아노 연주를 통해 관객들에게 위로와 희망의 메시지를 전하고 싶습니다. 그래서 매일 연습하고 있습니다.

(『E美지』 Vol 13, 2019년 가을호)

이훈

선화예술학교, 선화예고 졸업
독일 Hamburg 음악대학 음악교육과 수료
독일 Lübeck 음악대학 AKA Diplom 졸업
네덜란드 Utrecht 음악대학 Tweede Phase 졸업
미국 University of Cincinnati 박사학위 졸업(DMA)
이탈리아 Le Muse 콩쿠르 Diplom
이탈리아 AMA Calabria 콩쿠르 Diplomat

6

한국의 전통을 잇는 황실자수 명장 **이정희**

전북 진안군은 지난해 11월 25일 마이산에 자수, 부채, 한지, 공예품 등 다양한 전통공예품을 전시, 체험하고 그 분야의 명인 9명이 시연하는 명인명품관을 개관하였다. 명인명품관은 부채동, 자수동, 한지동의 3개동으로 구성되어 있는데 자수동이 바로 한국자수박물관이다. 이곳 관장으로 휠체어 한국자수공예가 이정희(54세)님이 임명되어 세상을 놀라게 하였다.

한국자수박물관 관장으로 취임했을 때의 기분은

비장애인 세계에서 인정받는 기분이었다. 책임감 때문에 마음이 무겁기도 하다. 제일 신나하는 건 열 살 된 아들이다. 학교에서 자랑을 하

취임식

고 다닌다고 한다. 장애인 엄마 때문에 상처를 갖고 있는 아들이 기뻐하는 것을 보고 나도 기뻤다.

원래 입주를 해서 살려고 했으나 아이 학교 문제도 있고, 이곳은 편의시설이 없어서 내가 생활하는데 어려움이 있어서 요즘은 주말에만 근무를 한다.

17세에 자수를 시작하게 된 계기는

3세 때 소아마비를 앓아 두 다리가 마비되어 걸어다닐 수 없어서 집안에서 기어다니며 생활했다. 바깥 세상이 그리워 창문을 열어 놓고 몇 시간씩 창밖을 내다보며 갇힌 생활을 하였다. 12세까지 외할머니댁에서 살다가 할머니가 연세가 드셔서 나를 더 이상 돌보지 못하게 되어 집으로 왔다.

초창기

손재주가 있어서 뜨개질, 바느질, 퀼트공예, 그림 등 손으로 하는 것은 다 잘 했다. 당시 자수가 유행을 했는데 수를 놓고 있으면 시간 가는 줄 모를 정도로 재미있었다. 처음에 자수일을 하는 분께 배웠다. 주로 민자수였고, 일본자수도 했다. 그런데 도안에 실 색까지 정해 주는 자수에 흥미를 잃었다.

자수를 누구한테 배우셨는지

자수하는 사람들에게 들으니 서울에 가면 자수를 가르쳐 주는 훌륭

한 선생님이 있다고 하여 무작정 서울로 와서 중요무형문화재 한상수 선생님이 운영하는 전수관을 찾아가서 자수를 배우겠다고 하였다. 그곳에는 나처럼 장애가 심하지는 않은 지체장애인과 청각장애인이 기술을 배우고 있었다.

그곳에서 궁중자수를 처음 보았는데 눈이 휘둥그레졌다. 너무나 아름답고 너무나 고풍스러워서 매료되었다. 궁중자수를 꼭 배우고 싶었다.

전수관은 한옥이었다. 전기장판 하나로 겨울을 나야 했다. 손에 동상이 생길 정도로 추위가 매서웠다. 추위보다 더 고통스러운 것은 화장실 가기가 힘들어서 소변을 참는 일이었다. 그곳에서 기술을 배우는 사람들은 나를 왕따시켰다. 나에게 경주에 있는 공방으로 가라며 내쫓으려고 했지만 나는 자수를 배울 때까지는 무슨 일이 있어도 그곳을 떠나지 않으리라 결심하고 이겨 냈다. 그곳에서 궁중자수뿐만이 아니라 장식, 생활용품 등 다양한 작품을 만드는 것을 배울 수 있었다.

그런데 그곳이 재개발 지역이 되는 바람에 다른 곳으로 이전을 하게 되어 나는 고향인 정읍으로 내려왔다.

자수는 참 고단한 작업인데

2년 동안 한 선생님께 배운 자수를 나 혼자 작품으로 만들기 시작하였다. 보통 하루 10시간 이상 자수를 놓았다. 하지만 아무리 수가 예뻐도 공식적인 경력이 없는 나는 기술자일 뿐 장인이 아니었다. 그래서 아무리 열심히 해도 작품이 팔리지 않았고 판매해도 겨우 재료값만 받는 정도여서 생활고에 시달렸다. 당시 여성 장애인은 한복을 하는 사람들이 많았는데 나는 돈도 안 되는 자수를 괜히 했나 후회하기도 했지만 전통을 잇는다는 자부심이 있어서 견딜 수 있었다.

자수로 인정받기 위한 과정은

공모전에 응모를 했는데 번번이 실패했다. 그즈음 고창에 사시는 분이 와서 내 작품을 사 갖고 가셨는데 그분은 작품을 아주 신중하게 고르셨다. 그래서 참 좋았다. 내 작품에 대한 애정으로 느껴졌다. 그분은 세 차례 내 작품을 구매했는데 나중에 알고 보니 내 작품을 사서 자기 이름으로 응모를 하여 세 번 모두 상을 받았다.

같은 사람의 작품인데도 그 사람 이름으로 내면 당선이 되고 내 이름으로 내면 탈락이 되는 것은 실력이 아니라 다른 무언가가 작용하고 있다는 사실에 좌절감에 빠졌다.

그 사람은 내가 장애인이니까 도용을 해도 된다는 장애인을 얕보는 마음이 있었던 것이다. 문제를 삼을까도 생각했지만 당시만 하더라도 장애인 인권 의식이 약해서 승산이 없는 싸움이라 묻을 수밖에 없었다.

틈틈이 자수를 놓고

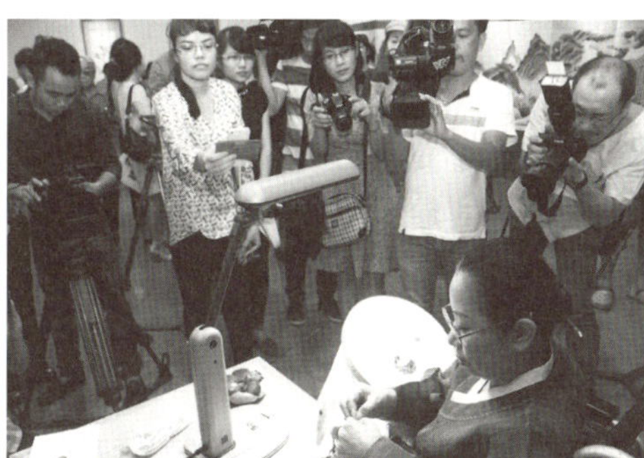

작품 시연

1996년에 전북전통공예작품 공모전에서 특선을 하며 인정을 받았고 그 후 필요한 자격증을 한 가지씩 확보하며 황실명장으로 성장하는 기틀을 마련하였다.

〈예다움〉 운영

2004년부터 전시회도 하고 사회 활동이 늘어났다. 나사렛대학교 디자인학과 겸임교수로 학생들에게 한국자수를 가르쳤다. 학교 문턱에도 가 보지 못한 내가 대학 강단에 선다는 것이 꿈만 같았다.

자수를 배우기 위해 고생했던 시절이 떠올라 장애인에게 한국자수를 가르치기도 하고 다양한 작품을 많이 만들어서 판매해 보겠다는 생각으로 교육장 겸 가게 겸해서 예다움을 설립했다.

교육생이 10명 정도 되었는데 장애인이라고 나와 똑같은 의지와 열망이 있는 것은 아니었다. 일에 대한 치열함이 없었다. 예다움은 한국장애인고용공단에서 장애인 창업자에게 싼 이자로 대출을 해 주는 제도가 있어서 시작을 한 것인데 예상대로 운영이 되지 않아 빚만 지고 말았다.

백송이란 호는 언제부터

나한테 한복을 지어 주는 언니가 한문을 많이 아는데 소나무처럼 흔들림 없이 예술에 대한 순수함을 지키라고 백송(白松)이라는 호를 지어 주었다.

그 언니 덕분에 한복을 즐겨 입고 미장원에 가기 힘들어서 머리를 길러 쪽을 지는 건데 한국자수 공예가로 잘 어울린다는 칭찬을 듣는다.

특허 등록

내 작품을 자기 작품으로 둔갑시키는 사기를 당하고 나니까 내가 무지한 탓에 내 작품이 주인을 잃고 남의 집에서 가짜 이름으로 살고 있는 것 같아서 특허 등록의 필요성을 느꼈다. 넥타이, 발산주머니 등 작은 제품도 모두 신안등록을 하였다. 이런 일들은 변리사를 통해 해야 해서 비용이 발생한다.

나는 행정적인 일은 모른다. 그래서 손해를 보는 일이 많다. 장애예술인의 행정을 맡아 처리해 주는 기관이 있었으면 좋겠다.

어머니가 지지를 많이 해 주셨다고

나는 장녀로 내 밑에 남동생 2명이 있는데 아버지 어머니가 돌아가시기 전까지 고생을 많이 하셨다. 가난한 시골에서 장애인을 키우기란 정말 힘든 일이다. 특히 내가 아기를 낳은 후 아들 용주를 키워 준 것은 부모님이다. 나는 낳기만 했지 아기를 돌볼 수가 없었다.

아들 얘기를

나는 장애인에다 미혼모이다. 사는 것이 너무 힘들어서 의지하고 싶

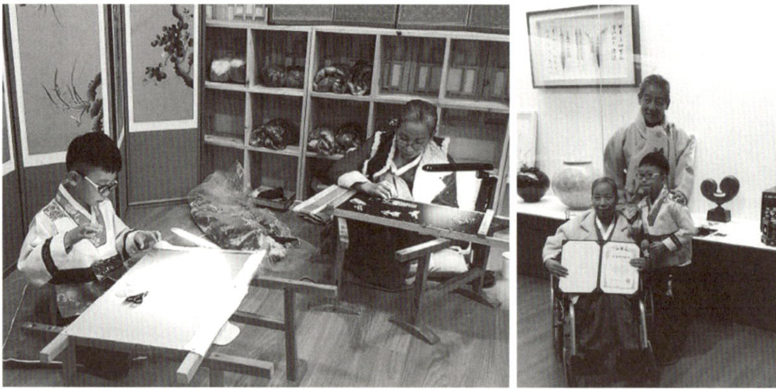

아들과 함께

은 마음에 40대 중반에 임신을 하였다. 엄마는 아기를 지우라고 하셨지만 나한테 온 생명인데 내가 책임을 져야 한다는 생각에 아무런 대책도 없이 출산을 하였다.

아이 아빠는 많이 배운 사람이었지만 무책임하고 폭력성이 있어서 결혼으로 묶였다면 어려움이 더 많았을 것이다. 용주가 다섯 살 정도 되었을 때 자기 아빠는 누구냐고 묻길래 솔직히 다 말해 주었다. 그 후는 아빠에 대해 말도 꺼내지 않는다. 아이는 모든 것을 느끼고 있다는 것을 알았다.

전라북도 지정문화재(자수장) 심사 중이라고

낙방하였다. 한 번에 되는 것은 없다. 다만 낙방 사유가 활동력이 적다는 것이다. 장애 때문에 활동성이 적을 수밖에 없고, 학교에서 교육을 받지 못했기 때문에 활용할 인맥이 없는 것이 사실이다. 다시 도전할 것이다.

황실명장 전시회가 큰 성황을

우리나라뿐 아니라 중국, 일본, 베트남에서 황실 작품으로 전시회를 개최하여 큰 호응을 얻었다. 화려하고 중후한 멋이 사람들의 눈길을 사로잡는 것 같다.

앞으로의 목표는

한국자수박물관에 40여 작품이 상설로 전시되고 있다. 6개월마다 일정 비율은 새 작품으로 바꾸어야 한다. 하루 종일 바늘을 들고 수를 놓다 보니 어깨에 무리가 와서 어깨 통증에 시달린다. 요즘은 건강이 최고란 생각이 든다.

용주도 수를 제법 잘 놓는다. 엄마 옆에서 늘 봐서 그런지 수놓는 것을 좋아한다. 그래서 열 살짜리 아들과 한국자수 삼매경에 빠지곤 하는데 그 순간이 행복하다. 아들이 한국자수를 하겠다고 하면 말릴 생각은 없다. 누군가는 한국자수를 이어 가야 하지 않겠는가.

장예예술인들과 함께

작품을 많이 하고 싶은데 재료비가 비싸다. 재질이 실크이고 실은 대량으로만 구입이 가능하다. 색상도 다양하기 때문에 필요한 만큼 구입하려면 1천만 원 가까이 비용이 들어간다. 수를 놓고 나서 작품으로 만들려면 목공예가 들어가서 비용에 대한 부담이 크다.

장애예술인들이 마음놓고 작품 활동을 할 수 있는 지원 제도가 반드시 필요하다.

(『E美지』 Vol 7, 2018년 봄호)

이정희

2000 국가기술자격증 자수기능사 취득
2013 대한민국 황실명장 선정
2014 한국예술문화명인 인증
온고을전통공예대전 초대작가

특허등록(특허제10-0827018) 비틀림 방지를 위한 자수 넥타이
실용신안등록(등록제0391506호) 발산 주머니

1998 제30회 신사임당기념대회 자수부 1등상
2003 제13회 대한민국장애인미술대전 대상
2008 여성문화인상 신진여성문화인상
2010 올해의 장애인상(대통령상)
2011, 2012 전라북도관광기념품공모전 동상
2012 제5회 대한민국황실공예대전 특별상
2013 전라북도공예품대전 장려상, 2014 은상
2013 대한민국공예품대전 후원기관장상, 2014 산업자원부장관상
2013 대한민국장애인문화예술대상(대통령상)
2016 자랑스러운 한국장애인상(문화예술 부문)

개인전 12회, 협회전, 회원전 총 75여 회

7

그냥 가수가 되고 싶은

이현학

음악인의 길을 찾다

선천성 황반변성증은 망막이 손상되는 질병으로 손상이 망막 전체로 확대되면 시각을 잃게 된다. 이현학이 바로 이 경우이다.

서울맹학교를 거쳐 대학에 입학하였다. 대학 2학년 때 대학축제에 가요제가 있었는데 서울맹학교 동창인 김국환이 우리도 듀엣으로 출전해 보자고 제안하였다. 대학 생활의 낭만이기도 했기에 그는 친구의 제안을 흔쾌히 받아들이고 가요제 준비를 하였다.

유리상자의 〈사랑해도 될까요〉를 불렀는데 반응이 너무 좋았다. 그 때 힘입어 그는 음악의 길로 들어섰다. 처음에는 취미생활이었는데 시

간이 지나면서 직업이 되었다. 공연에 초대를 받는 일이 점차 늘어나게 된 것이다.

가수가 되려면 음반이 필요하기에 2007년 CCM 앨범을 준비하게 되었는데, 그때 처음 보컬트레이너에게 레슨을 받았다. 교회나 단체 행사 등에서 공연을 할 때 행사 분위기에 따라 장기로 인기가수 모창도 하고 춤도 추자 관객들이 무척 좋아하였다. 시각장애인이 팝핀댄스를 하는 것을 보고 2011년 SBS-TV 〈스타킹〉에 출연하게 되었다.

김현철 모창을 하고 팝핀댄스를 선보였는데 MC 강호동의 '안 보이는데 어떻게 춤을 추느냐.'는 질문에 아주 재미있게 말해 주었다. 춤 동작을 머리끝에서 발끝까지 하나하나 점토 작품을 만들 듯이 손으로 잡아 주면 거기에 영혼을 불어넣어서 춤이 완성된다는 설명이었다.

음악인의 길을 걷다

이현학은 jtbc 〈히든싱어〉 김종서 편에 출연하여 매 라운드마다 '김종서보다 더 김종서 같은 목소리'로 호평을 받았다. 2013년 4월 6일 방송된 왕중왕전에서 '7번방의 김종서'란 별명이 생길 정도로 노래 실력을 뽐냈다. 마지막 결승전에 김종서와 이현학 두 명이 남았을 때 MC 전현무 씨가 우승을 해야 하는 이유를 묻자 그는 미국에 있는 여자친구

와 장거리 연애를 하느라 교제한 지 3년이 지났지만 세 번밖에 만나지 못했다며 김종서를 꺾고 우승을 해서 상금 1,000만 원을 받으면 여자친구를 보러 가고 싶다고 솔직하면서도 유쾌한 답변으로 시청자를 웃게 만들었다. 이현학은 마지막 결승에서 4표 차이로 준우승에 머물렀는데 김종서는 자신이 탈락하고 싶다며 안타까운 마음을 전하기도 하였다.

7번방의 김종서라는 별명은 그가 노래연습을 하러 갈 때마다 노래방 7번방으로 안내되었고, 당시 〈7번방의 선물〉이란 지적장애 아버지와 딸의 애틋한 부성애를 그린 영화가 유행했기 때문에 7번방이 장애를 상징하게 되었기에 그에게 붙여진 별명이다.

이런 활동에 힘입어 2014년 시각장애인 그룹 '더 블라인드'를 결성했다. 각각 음악 활동을 하던 시각장애 음악인들이 뭉친 것이다. 〈슈퍼스타K〉 시즌1에서 이효리를 울린 남자 김국환과 〈스타킹〉에서 한국의 스티비원더로 칭송받은 정명수 그리고 〈히든싱어〉 시즌1 왕중왕전에 진출하여 7번방의 김종서란 별명을 갖게 된 이현학이 함께했다. 당시는 역시 〈스타킹〉에서 음악성을 인정받은 김지호까지 4명으로 출발했지만 김지호는 건강 문제로 빠지게 되었다.

시각장애 청년들이 보컬 그룹을 만들어 가수 활동을 선언하자 언론의 주목을 받았다. 공연 섭외가 많이 들어와서 그룹 멤버들이 놀랄 정도였다. 2015년 배우 구혜선과 음원 〈썼다 지웠다〉를 발표하여 또다시 화제가 되었다. 행사에서 우연히 만난 구혜선 배우가 '더 블라인드' 공연을 보고 너무 노래가 좋다며 작업을 할 때 참여하고 싶다고 하여 연락을 하였는데 선뜻 응해 주었다.

사랑이 오다

이현학은 밀알선교회나 교회 주최로 2008년부터 거의 1년에 한 번씩 미국 공연을 가게 되었다. 2009년 공연을 마치고 앨범 판매 사인회가 있었는데 한 중년 부인이 공연에 너무 큰 감동을 받았다며 한국에서 온 공연팀을 저녁 식사에 초대하였다. 초대 장소는 초대해 주신 분 집이었다. 저녁 파티를 돕던 부인의 딸이 이현학에게 신경을 많이 써 주었다. 시각장애로 식사가 불편할 것을 염려했기 때문이었지만 이현학은 호감을 느꼈다. 그래서 이현학은 사귀자고 고백을 했다. 그녀는 미국에서 태어난 한인 2세로 영어가 더 편한 사람이고, 그는 한국에서 태어나 한국말만 하는 사람이다. 또 그는 시각장애인이고 여자친구는 비장애인이다. 이현학은 여자친구에게 'no'라는 대답을 들었다. 차인 것이다. 그는 차인 이유가 후자라고 생각했다. 누가 봐도 후자였으니까.

그런데 나중에 그녀가 말해 준 거절 이유는 장거리 연애가 자신이 없어서라는 뜻밖의 이유라는 것을 알고 다시 희망을 가졌다. 이현학은 그녀에게 부담을 주지 않고 자신의 진심을 계속 보여 주었다. 그러자 어느 날 그녀가 'yes' 라는 고백을 하였다. 이렇게 연애를 10년 동안 하다가 드디어 2020년 11월에 양가 부모의 축복 속에서 미국에서 결혼식을 올렸다. 1985년생인 이현학은 사랑을 얻기 위해 끈질기게 기다려야 했다.

그들 커플을 처음 만난 사람은 '천사 같아요. 넘 착해요.'라고 그들의 사랑을 그녀의 착함 때문이라고 생각했다. 그것은 여자친구의 희생을 의미하였다. 그래서 그는 '저도 넘 착하거든요. 저도 천사 같거든요.'라고 농담처럼 말한다.

결혼을 하고 나서 이현학은 아내에게 물어보았다.

"왜 나랑 결혼했어?"

"그냥… 사람이니까."

순간 머리를 한 대 맞은 것 같았다. 자신이 '시각장애인이 아닌 그냥 사람이구나.'라는 생각이 들면서 큰 위로가 되었다.

사실 그냥 사람이라는 부인의 말이 맞다. 그는 청소도 잘하고, 요리도 잘한다. 돼지고기 두루치기, 시금치 된장국도 잘 끓이는데 사람들은 잘 못해서 불이 나면 어떻게 하나, 화상을 입으면 어쩌나 하는 걱정을 먼저 한다. 하지만 그는 온라인으로 장을 보고 식자재가 도착하면 능숙하게 요리를 해서 맛있는 식탁을 꾸미는 1등 남편이다.

다양한 사회활동

그는 음악 작업을 위해 사회적 협동조합 '좋은이웃 컴퍼니'라는 회사를 2018년 설립하였다.

직원은 4명이지만 각 분야의 전문가들이 모여서 문화예술기획, 공연, 앨범과 동영상 제작까지 정말 다양한 일을 하고 있다.

이현학은 음악을 직접 만들고 영상도 편집하면서 음악 활동에 필요한 작업을 스스로 한다. 시각장애인이 영상편집을 어떻게 하냐며 깜짝 놀란다. 스마트폰이 스크린에 있는 정보를 읽어 주듯이 그가 사용하는 컴퓨터 역시 스크린에 있는 정보를 음성으로 읽어 주고, 저시력 장애인을 위한 확대 기능도 있기 때문에 음악이나 영상 작업을 하는데 전혀 문제가 없다. 물론 최종 마스터 단계에서는 전문가의 도움을 받아서 완성도를 높인다.

2014년부터 KBS 3라디오 〈내일은 푸른하늘〉 고정 연사로 출연하여 입담을 키운 이현학은 2019년 장애청년들의 시선으로 장애인 인권, 소수자 혐오 등 다양한 사회적 이슈를 이야기하는 팟캐스트 〈당장 만나(당신이 장애를 이해하고 싶을 때 만나는 사람들)〉 진행을 시작했는데 현재 정의당 국회의원이 된 영화 〈어른이 되면〉의 장혜영 감독 등이 출연하여 많은 화제를 만들어 냈다.

장애인식 교육강사

가수 활동을 하며 수도 없이 들은 질문은 '가수라구요?'이다. 그 질문 속에는 '너 시각장애인이잖아.'라는 인식이 담겨 있다. 그래서 그는 자

신을 가수로만 보게 되는 사회를 만들기 위해 한국장애인개발원에서 실시하는 장애 인식개선 강사 교육을 받고 강사 활동을 하고 있다.

사람들은 그가 하는 모든 일을 시각장애와 연결시켜 궁금해한다. 그는 사람들의 궁금증에 대해 재미있게 설명해 준다. 무례하다고 화를 내거나 당신 생각이 잘못되었다고 지적을 하면 사람들은 장애인과 더 멀어지기 때문이다. 이제는 사람들이 질문을 하지 않아도 먼저 말한다. 그래야 세상을 바꿀 수 있기 때문이다.

사람들한테는 너무나 편한 키오스크가 시각장애인에게는 사용 불가능하다는 것을 말해 주지 않으면 절대로 알 수가 없다. 그는 장애를 규정짓는 건 사람이 아닌 사회 환경이라는 사실을 스스로 깨달을 수 있도록 하는 명강사이다. 요즘은 월 6회 정도 강의를 나갈 정도로 주업무가 되었다.

앞으로 계획

가장 중요한 계획은 내년에는 아빠가 되는 것이다. 부인이 유치원 교사이기 때문에 육아는 문제가 없다는 것도 행운이다. 이현학은 어렸을 때부터 아들이 하는 일을 긍정적으로 지지해 주시는 부모님 그리고 친구 같은 누나와 남동생이 있어서 외롭지 않았다. 이제 부인까지 생긴 이현학은 그 어느 때보다 든든하고 행복하다.

코로나19로 설 수 있는 무대가 줄어들자 사람들이 궁금해하는 모든 콘텐츠를 재미있게 설명해 주고, 모창으로 기분도 풀어주는 '워너두(wanna Do)'라는 유튜브 채널을 운영하여 팬들로부터 큰 호응을 얻고 있다. 유튜브와의 인연은 포스코ICT가 개최한 유튜브 공모전에 참여하여 최우수상을 받은 것에서 시작되었다. 공모전 작품은 우리 주변에서 흔히 볼 수 있는 엘리베이터 점자나 캔맥주 점자가 무슨 말인지를 소개하는 5분 정도의 동영상이었는데 미처 생각하지 못했던 내용이어서 유익하다는 평을 받았다.

이렇듯 이현학의 도전은 끝이 없다. 그의 도전이 아름다운 것은 겸손함 때문이다. 그는 늘 이렇게 말한다.

"우리 멤버 가운데 내가 제일 노래를 못해요. 제가 묻어 가는 거죠. 저는 별로 재능이 없어요. 주위에서 도와주시는 분들이 많아서 할 수 있는 거죠."

(『E美지』 Vol 20, 2021년 여름호)

이현학

2011 SBS 놀라운대회 스타킹 출연
2014 JTBC 히든싱어 시즌1 왕중왕전 진출
2014 아시아나 드림 페스티벌 오디션 우승
2014~현재 KBS라디오 내일은 푸른하늘 고정 게스트 외

2006 〈좋은이웃〉 3집 앨범 보컬
2007 〈좋은이웃〉 4집 앨범 보컬
2011 〈좋은이웃〉 5집 앨범 작곡 및 보컬
2014 〈더 블라인드〉 1집 앨범 제작, 기획, 작곡, 보컬
2014 KBS라디오 내일은 푸른하늘 로고송 작곡, 보컬
2015 〈더 블라인드〉 싱글 앨범 MINE 제작, 기획, 작곡, 보컬
2015 〈더 블라인드&구혜선 콜라보〉 싱글 앨범 제작, 기획, 작곡, 보컬
2016 〈더블라인드〉 문화가 있는 날 '청춘마이크' 최우수 아티스트 선정
2017 〈더블라인드〉 디지털싱글 앨범 '넌 할 수 있어' 발매
2019 HH(이현학 개인 아티스트명) 디지털싱글 솔로 앨범 '유일해' 발매
2019 2HH 디지털싱글 솔로 앨범 '기억하고 싶어서' 발매 외

8

2018년 조선일보 신춘문예 동화 당선자 **허용호**

『E美지』에는 항상 제보가 많이 들어온다. 자신을 감동시킨 장애예술인을 소개하는 열혈 독자들이 많다. 새해 벽두에 조선일보 신춘문예 당사자 가운데 휠체어를 탄 사람이 있다는 속보가 카톡으로 와서 검색해 보니 정말 멋진 사진이 눈에 확 들어왔다. 그 주인공은 바로 조선일보 신춘문예 동화 부문 당선자 허용호(50세) 작가이다.

2018년 조선일보 신춘문예 동화 부문은 288편이 접수되어 최종심에 5편이 올라 허용호 동화 〈비밀이 사는 아파트〉가 당선작으로 결정된 것은 오로지 작품이 뛰어났기 때문이다.

조선일보 신춘문예 시상식

심사위원 신형건 아동문학가

조선일보 신춘문예 당선자들

어떻게 신춘문예에 응모할 생각을 하였는가

아버지가 원고를 우연히 보시고 문인인 지인께 원고를 보여 드린 것이 시작이었습니다. 그분이 신문스크랩도 해 주시고, 꼭 응모하라고 격려를 해 주셔서 '네.'라고 대답을 했었는데 저는 그것이 약속이라는 생각이 들어서 응모를 했습니다.

감히 조선일보를 택한 것은 다른 신문사 신춘문예 동화는 원고 분량이 200자 원고지 30장이었는데 조선일보만 25장으로 되어 있어서 원고 분량이 맞아 조선일보 한 곳에만 응모를 했습니다.

보통 삼수 사수가 기본인데 첫 도전에 성공한 이유가 뭐라고 생각하는가

첫 도전에 메이저급 신춘문예에 당선이 되어 솔직히 저 자신도 믿기질 않습니다. 아직 문장력이 익지 않아서 많이 서툰데 당선된 것은 글쓴이의 이야기라서 심사위원들의 마음에 더 와 닿았지 않았나 싶습니다.

심사위원들은 작가의 장애를 전혀 모르고 있었을 텐데

제 장애를 밝히지 않아서 알 수가 없었겠지만, 이야기 속에서 느낄 수도 있지 않았을까도 싶은데 신문사에서 당선 소식을 전해 주며 당선자들 사진 촬영을 위해 서울 본사로 오라고 했을 때 휠체어를 사용한다고 얘기했더니 다소 놀라는 느낌이었습니다. 저 때문에 오전 촬영을 오후로 바꿔 주었지요.

〈심사평〉

비밀의 속성을 흥미로운 발상으로 이끌어 내어 읽는 즐거움을 줬다. 사소하고 심각한 비밀의 대비와 어울림이 자연스러워 교훈이 결말에 노출되는 단점이 있음에도 유쾌한 분위기와 진지한 주제를 아우르는 데 성공했다. 부디 큰 작가로 성장하기를 빈다.

심사평에 더 보태고 싶은 말은

당선 소식을 듣고 사실 심사평이 걱정이었습니다. 급하게 쓴 글이라 문장이 서툰 점이 마음에 걸렸거든요. 흥미로운 발상이라는 심사평에 힘입어 앞으로 더 많은 구상을 해 볼 생각입니다.

대학에서 미술을 전공했던데 문학보다는 미술이 더 친숙할 것 같다

당연히 미술이 친숙합니다. 미술은 깊이 들어가 보았으니까요. 미술은 자신을 표현함에 추상적이라면 문학은 직접적이라는 느낌이 들었습니다. 예를 들어 순간의 통찰을 기록하는 면에서 문학은 가장 편리했습니다. 하지만 아직 문학은 초보에 불과합니다.

〈당선 소감〉

나의 글쓰기는 일상의 기록입니다. 그때그때 떠오른 생각을 글로 옮기면서 나를 돌아봅니다. 교만하지 않은지, 나로 인해 누가 아프지는 않은지, 잘못된 길을 가는 건 아닌지 글로 옮기면 나와의 약속이 돼 버립니다. 동화는 이런 글쓰기의 연장입니다. 어떤 일을 하다 보면 점점 깊이 들어가고 싶고, 더 잘하고 싶어집니다.

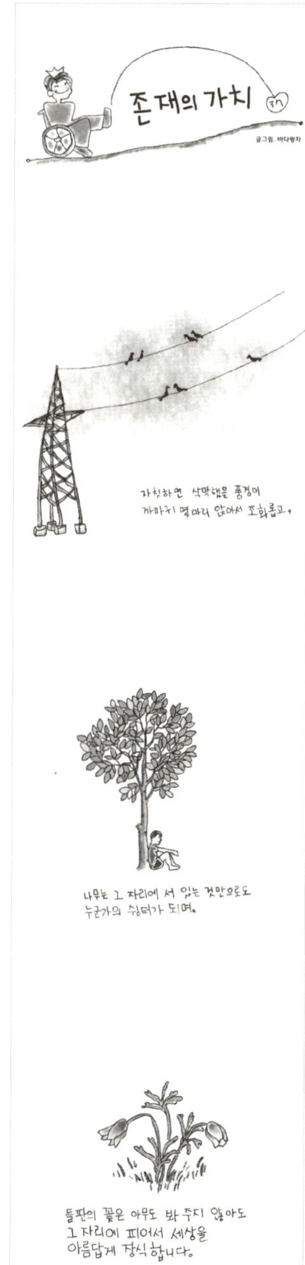

왜 글을 쓰게 됐는지는 당선 소감에 잘 나타나는데… 반성을 위해 글을 쓰는 건가

반성이라기보다는 통찰입니다. 그래서 짧은 수필 형식의 글이 많습니다. 그 글들을 블로그나 카카오스토리에 올려서 공유하고 있습니다. 그것이 제가 세상과 소통하는 방법이기도 하죠.

문화센터 동화창작 프로그램은 오프라인 교육인데 통학은 어떻게 해결하였는가

제가 운전을 합니다. 이 교육이 많은 도움이 됐습니다.

이론 위주가 아닌 매주 과제를 통해 실

제 글을 쓰는 동기를 부여하고, 강평을 들으며 부족한 부분을 깨닫고 수정하면서 작품을 만들어 갔으니까요.

아무리 열심히 써 가도 강평에 들어가면 지적을 면할 수 없습니다. 지적을 받아들일 수 없을 땐 표정관리가 안 되기도 했었죠. 차갑게 느껴져서 다가가기 힘들어 보인다는 얘기도 듣긴 했지만 친해지면 한없이 따뜻한 성격입니다.

매주 한 편씩 과제로 쓴 동화 가운데 〈비밀이 사는 아파트〉도 있었나

네, 과제로 쓴 것입니다. 과제는 항상 수업 전날 밤에야 완성이 되는데 마침 그날이 신춘문예 마감이었습니다. 그래서 강평도 거치지 않은 날것 그대로의 원고를 보냈기 때문에 당선될 것이라고 기대하지 않았습니다.

응모를 하기 위해 정성껏 작품을 다듬었을 텐데 역점을 둔 것은 문장인가, 구성인가

문장이든 구성이든 그 순간에는 최선을 다했습니다.

주인공 화영이 작가 자신이라고 생각되는데

맞습니다. 화영은 23세에 교통사고로 하반신마비 척수장애인이 된 것으로 설정하였지만 저는 행글라이더를 타다가 다쳤습니다. 대학 시절 행글라이더 동아리에서 활동을 했는데 하늘을 난다는 것에 묘한 쾌감이 있었죠. 그러다 군에 입대하게 되어 한동안 행글라이더를 잊고 있다가 제대를 앞두고 휴가를 나와서 행글라이더를 타다가 낙하 사고로 장애를 갖게 되었습니다.

중도장애인들이 겪게 되는 과정인 분노에서 수용까지 얼마나 걸렸는가

2년 정도 걸렸던 것 같습니다. 책을 통해 명상을 알게 되었는데 마음을 잡는데 많은 도움이 되었습니다. 지금도 명상을 합니다. 저는 1967년 함양에서 4형제 중 셋째로 태어나 대학은 부산에서 다녔고, 포항에서 부모님과 살다가 2년 전에 독립을 하였습니다. 장애인복지에서는 그것을 자립생활이라고 하죠. 하지만 아직 경제적인 자립이 이루어지지 않았으니 그냥 혼자 살고 있다는 것이 맞는 표현이죠.

현재 사이버대학에 재학 중인데 미술치료를 택한 이유는

저는 자기중심적인 사람이었습니다. 내 시간과 내 일이 전부였습니니

종이공예, 백조

테라코타, 엄마

다. 다치고 난 후 주위를 살펴보니 정신적이든 육체적이든 고통을 갖고 살고 있는 사람들이 많았습니다. 그 고통을 치유해 주는 남을 위한 시간을 가져 보고 싶었습니다. 그래서 전공을 살려 뒤늦게 미술치료를 공부하고 있는데 사실 그것도 내 삶에 대한 투자입니다.

글과 그림 두 가지를 할 수 있다는 장점이 있는데

큰 장점이라 생각합니다. 글에 맞는 그림을 직접 그릴 수 있어서 행복입니다.

작품에서 주인공 화영이 자유가 기다리고 있어서 신난다고 끝을 맺었던데, 작가가 찾은 자유는 무엇인지

어차피 장애인이든 비장애인이든 몸이 있는 한은 묶여 있을 수밖에 없습니다. 자유는 내면에서 시작된다고 봅니다. 더 궁극적인 자유는 영적인 자유입니다.

늠름한 군복무

사고 후

아직도 밝히지 못한 비밀이 있는 것은 아닌지

없습니다. 굳이 있다면 야한 생각을 가끔 한다는 정도일까요.

장애인문학이란 장르가 있는 것에 대해서는 어떻게 생각하는가

장애인문학, 장애인예술은 가능한 범주를 넓히면 좋겠습니다. 장애인뿐 아니라 비장애인도 함께할 수 있어야 한다고 봅니다. 그래서 장애인예술은 장애예술인의 창작뿐만이 아니라 장애 관련 예술 활동까지 포함되었으면 합니다.

앞으로의 계획은

얼떨결에 동화의 길에 접어들었지만 재미있습니다. 이제부터 생활이 동화가 되게 할 생각입니다. 그리고 사람과 자연이 공존하는 이야기를 쓸 생각입니다.

당선작 〈비밀이 사는 아파트〉에서 장애에 대한 메시지가 잘 드러난 부분을 소개하면 아래와 같다.

"화영아. 너는 장애인이 된 것이 부끄러운 거니?"
내가 넌지시 물었다.
"다른 사람들처럼 걷지도 못하고, 사람들이 나를 불쌍하게 보는 것 같아 싫어."
화영이는 얼굴을 붉히며 말했다.
"화영아, 네 몸은 자동차 같은 거야. 사람이 타고 다니는 자동차 말이야. 자동차는 고장도 나고, 언젠가는 폐차장으로 보내야 하는 거야. 좋은 차를 타면 좋겠지만 고장난 차를 탄다고 부끄러운 것은 아니야."

화영이 눈이 동그랗게 빛났다.

"그렇긴 하지만 불편해. 그리고 사람들이 이상하게 쳐다보잖아."

"화영아, 네가 자동차를 타고 여행한다고 생각해 봐. 고장난 차로는 빨리 가지 못하잖아. 그래서 더 자세히 볼 수 있는 거야. 여행이란 빨리 가는 게 목적이 아니거든."

"그러니까 다른 사람이 나 쳐다보는 것 신경 쓰지 말고, 자세히 보고 더 많이 느끼라는 거지? 그게 여행의 목적이라는 거지?"

화영이 얼굴이 밝아졌다.

"그래. 여행은 그렇게 하는 거야. 다른 사람이 나를 보는 게 아니라, 내가 보는 거야."

(『E美지』 Vol 7, 2018년 봄호)

허용호

부산디지털대학교 미술치료학과 졸업

1986~1990 부산대학교 미술학과 조소전공 중퇴
1993~2000 테라코타 작가 활동
1997 곰두리 미술대전 최우수상
1997 제1회 개인전(부산 스페이스월드 대관전)
1998 대한민국장애인미술대전 최우수상
1999 한국장애인문화제 우수상

2018 조선일보 신춘문예 당선(동화)

9

침묵 속의 발레리나

고아라

아직도 생생한 것은 1995년 장애인으로서는 처음으로 미스 아메리카에 당선되어 전 세계를 놀라게 했던 헤더 화이트 스톤의 수화 인사이다. 그녀는 청각장애로 미스 아메리카 호명을 듣지 못해 2등 미인의 축하 키스를 받고 나서야 자신의 당선을 알아채고는 감격의 눈물을 흘렸었다.

2017 대한민국장애인국제무용제

이런 모습을 끝내 우리나라에서는 볼 수 없었지만 대학생들이 참여하는 2012 World Miss University 한국대회에서 성실상을 수상하고, 2013년 1월 미스데프코리아(Miss Deaf Korea)에 출전하여 미스 진이란 타이틀을 받아 한국을 대표해서 2013년 7월 체코에서 열린 Miss Deaf World에 참가하여 한국을 알리는데 큰 역할을 했던 발레리나 고아라 씨에게 왕관보다 더 좋은 소식이 있어서 만나 봤다.

결혼 소식이 있던데

드디어 4월 21일에 결혼을 한다. 2009년 8월에 처음 만나 9년 동안 연애를 했기 때문에 우리 결혼은 운명인 것 같다.

어떻게 만났는지

우린 경희대학교 CC(캠퍼스 커플)이다. 오빠는 공대생이어서 수원에서 다녔고 나는 무용학과여서 서울캠퍼스에서 공부를 했다. 대학 3학년 때 경희봉사단 기획단 활동으로 러시아 봉사활동에 참가했는데 그곳에서 오빠를 만났다. 연해주에 정착한 고려인 집 지어 주는 사업이었는데 오빠와 나는 정말 열심히 일했다.

러브 스토리가 궁금하다

프로포즈

그곳에서 2주 동안 매일 거의 함께 지내다가 돌아와서도 가끔 만났다. 전화로는 의사소통이 어렵기 때문에 작은 일로도 만나게 되었는데 한 달쯤 지났을 때 어느 날 오빠가 갑자기 내 앞에서 무릎을 꿇었다. 영문을 몰라 멍하니 있는데 사귀자고 프로포즈를 해서 연인이 되었다.

당시는 학생이라서 큰 부담 없이 프로포즈를 받아들였다. 그 후 오빠는 내 매니저 역할을 톡톡히 해 주었다. 서울 공연은 물론이고 지방 공연이 있을 때도 와서 도와주었다. 친구들이 CC가 아니라 갑과 을이라고 놀릴 정도로 나를 위해 헌신하였다.

현재 오빠는 특허청 산하기관에서 근무를 하느라고 대전에 있다. 주로 카톡을 하고 영상통화를 한다. 목소리가 익숙해지면 간단한 전화통화는 가능하다. 요즘은 핸드폰 블루투스가 소리를 모아서 증폭시켜 주는 역할을 하기 때문에 전화 통화가 더욱 쉬워졌다.

결혼을 결정하기까지 많은 어려움이 있었을 텐데 가장 큰 걸림돌은

시댁에서 저를 아주 자연스럽게 받아 주었다. 오빠가 내 공연 때 자기 부모님을 모시고 와서 자연스럽게 인사를 드렸고, 그럴 때마다 잘한다고 칭찬을 해 주셨던 분들이라서 나에 대한 편견은 없었다. 아마도 오빠가 부모님을 잘 설득한 것 같다.

지금 인터뷰를 하는데 전혀 지장이 없는데 이렇게 되기까지 많은 노력이 필요했을 듯

생후 4개월에 고열로 몹시 앓고 난 후 아기가 소리에 반응을 하지 않아서 병원에 갔더니 감각신경성 난청이라는 진단을 내려 주었다고 한다. 오른쪽은 먹통이고 왼쪽은 보청기를 사용해서 소리를 인지한다.

젓가락이나 펜을 입에 물고 발음 연습을 하여 말을 잘 한다는 소릴 듣지만 크 발음 같은 된발음이 잘 안 된다.

요즘은 보청기도 귓속형이어서 겉으로 보이지 않아서 청각장애인인 줄 모르고 말을 거는 분들이 많다.

수화를 사용하지 않는 이유는

특별한 이유가 있는 것은 아니고 학교를 계속 일반학교를 다녔다. 그래서 수화를 접할 기회가 없었다. 유치원을 구화유치원(입모양을 보고 대화)에 다녔고, 집에서도 구화를 사용해서 수화를 배울 기회가 없었다.

농학교가 아닌 일반학교에서 교육을 받았는데 학창 시절의 어려움은

고학년이 되면서 학교생활이 힘들어졌다. 철없을 때에는 친구들이 말소리가 조금 이상하다는 정도로 생각하더니, 이성적으로 발달하면서 '너는 우리와 다르다.'라고 편을 가르는 것이었다. 요즘은 그것을 왕따라고 하지만… 친구들이 편을 가를수록 나도 그들을 밀어냈다.

한 가지 예로 뒤에서 내 이름을 부르면 나는 돌아본다. 보청기를 착용했기 때문에 그 정도는 안다. 왜냐고 물으면 '그냥 불러봤어.'라며 웃었다. 내가 들을 수 있는지 없는지를 실험해 보고 싶었던 것인데 그런 일들이 반복되니까 나를 조롱하는 것 같아서 나중에는 불러도 모르는 척했다. 그래서 친구들과 점점 멀어져 갔다.

그러다 데일 카네기의 「인간관계론」이란 책을 읽고 누구나 관계 형성에 어려움이 있고 문제를 해결하기 위해서는 먼저 다가가는 것이 필요하다는 것을 알았다. 그래서 먼저 인사를 하기 시작했다.

발레를 시작한 것은

다섯 살 여자아이가 고기 3인분을 혼자 먹을 정도로 대식가였다. 자꾸 뚱뚱해지니까 엄마가 발레 학원을 보냈다. 일곱 살에 발레학원에 처음 갔을 때 연속 두 바퀴 회전을 완벽하게 해낼 정도로 재능을 보였다. 그때는 서예, 피아노 등 이것저것을 배우고 있었는데 발레가 가장 재미있었다. 그래서 꾸준히 발레를 했다.

모스크바 국립발레학교 연수는

엄마는 내가 발레를 전공할 정도로 실력이 있는지 상담하기 위해 상명대학교 발레전공 교수님을 찾아뵈었는데 마침 발레 연수가 있으니 참가해 보라는 권유에 2002년 2월 러시아 볼쇼이 발레학교(현 모스크바 국립발레학교) Workshop에 참가하였다. 발레를 잘하는 중고등학생 10명이 참여했는데 내가 제일 뒤쳐졌다. 모두 이미 높은 수준에 도달해 있었다. 세계적인 발레학교에서 발레리나들을 보니 내 자신이 얼마나 형편 없는가를 깨달았다. 그때 정말 잘 하고 싶다는 열망이 솟구쳤다.

연수를 마치고 돌아와서 홍천에서 서울로 매주 한 번씩 레슨을 받으러 올 정도로 발레에 열정적으로 매달렸다.

경희대학교 무용과, 대학원 공부는 어떻게 했는지

고등학교를 춘천에 있는 예고를 다니며 대학 진학을 무용으로 정했기 때문에 대학 입학에는 문제가 없었다. 대학 4년 동안 아주 성실한 학생이었다. 학교 공연 때도 비장애인 학생들과 똑같이 연습하며 무대

희망캠프 멘토

위에서 기량을 발휘할 수 있었다. 키가 커서 항상 눈에 띄인다고 칭찬해 주었다.

그런데 졸업을 앞두고 고민이 시작되었다. 전문 발레리나로 성장하기 위한 길은 상상 외에 험난했다. 대학교만 졸업하면 모든 문제가 해결될 줄 알았지만 졸업 후의 진로는 암담하였다. 교수님이 대학원 진학을 권유하시어 대학원에 진학하면 뭔가 달라지겠지 싶어 막연한 기대감을 갖고 진학을 하였다.

솔직히 공부하는 데는 어려움이 없었지만 도제 제도로 키워지는 예술계 시스템을 견디기 어려웠다.

슬럼프가 온 이유는

청각장애인 무용을 주제로 석사 논문을 쓰고 졸업을 앞두고 있었지

몽골에서 망중한을 즐기며

만 앞이 보이지 않았다. 또다시 박사과정으로 진학을 하는 것은 의미가 없었다. 나는 발레 이론이 아닌 발레 실기를 원했지만 무대는 나를 원하지 않았다.

어떻게 이겨 냈는가

일단 그 답답한 환경에서 벗어나고 싶어서 몽골에 있는 친구에게 가는 비행기 티켓을 끊었다. 안식년 같은 휴식이 필요하다는 판단에 미래에 대한 고민을 내려놓고 잠시 쉬기로 했다. 멀리 떠나서 나 자신에 대해 성찰해 보는 시간을 가졌다.

비장애인과 똑같다는 생각을 하고 비장애인 세계에서 함께 살아가기 위해 안간힘을 썼지만 비장애인 세계에서 나는 농인이었다. 그런데 농인사회에서는 수화로 대화를 나누기 때문에 나와는 소통이 되지 않는 이방인이었다. 나는 농세계에도 끼지 못하고 비장애인세계에서 배제당

하는 떠돌이 같았다.

신기한 것은 꿈에서는 수화를 하거나 자막이 나오는 꿈을 꾼다. 내 잠재의식 속에 농문화가 자리잡고 있는 것이었다. 그래서 돌아와 수화를 배웠다. 오빠도 함께 수화를 배웠다. 고유명사는 지화(손가락 수화)로 표현을 해야 정확하기 때문에 오빠는 지화를 배우기로 하였다.

대학 시절 대외 활동을 활발히 했던데

대학생들이 참여하는 World Miss University 한국대회에 2012년 참가했다. 지덕체(知德體)를 겸비한 여성을 선발하는 대회이다. 참가할 생각도 못하고 있는데 이미 전 대회에 참가했던 룸메이트가 참가를 적극 권하였다. 그런 대회 도전이 너무나 큰 경험이 되었다는 말에 결과에 상관 없이 출전하였다가 성실상을 수상하였다.

그때 도전 정신을 갖게 되어 2013년 1월 미스데프코리아(Miss Deaf Korea)에 출전하여 미스 진이란 타이틀을 받았다. 정말 아름다운 농아인들이 많았다. 그때 처음으로 농인 세계를 피부로 직접 접할 수 있었다. 한국을 대표해서 2013년 7월 체코에서 열린 Miss Deaf World에 참가하여 더 넓은 농인 세계를 경험하였다. 대회 출전을 위해 배운 국제수화로 그들과 대화를 하기는 역부족이었다. 나는 장기로 발레를 했는데 반응이 아주 좋았다. 세계의 벽은 높았다. 나는 세계대회에서 전체 9위, 아시아 1위를 기록하였다.

세계대회를 준비하며 SBS 슈퍼모델 선발대회에도 출전하였다. 청각장애인으로는 처음 도전이라서 화제가 되기도 했었다.

그런데 학교에서는 이런 활동을 반가워하지 않았다. 방송에 나가는

'12 월드미스유니버시티-성실상

'13 미스데프월드-TOP9

'13 미스데프코리아-우승-엄마와 함께

'15 미스월드코리아-3관왕
(스포츠상, 우정상, 뷰티위드어퍼포즈상)

것도 꺼려하였다. 대학원 졸업 후 댄스오디션에 도전하고, 국가적인 장애인 행사 참여도 자유로워졌다.

2015년에는 Miss world Korea, 2017년 Miss Global Beauty Queen에 참가하여 청각장애인으로 세계대회에 도전하며 많은 경험을 하였다. 그런 활동들이 방송을 통해 소개되면서 강의 요청이 들어왔다.

발레를 하며 느낀 한계는

발레를 전공한 사람으로서 발레단에서 활동하는 것이 가장 이상적인 일이겠지만 발레를 포기한 진짜 이유는 발레 단계가 높아질수록 고난위 연기를 해야 하는데 토슈즈를 신으면 진동을 느끼기 어려워 소리를 듣고 연기하는 발레리나를 따라갈 수 없었다.

요즘은 공연에서 현대무용을

하는데 맨발로 하기 때문에 바닥에서 느껴지는 진동이 발끝에서 그대로 온몸으로 전해진다.

엄마의 지원이 컸다고

발레를 했다고 하면 집이 부자인 줄 알지만 아버지는 생활 능력이 없는 분이라서 엄마가 옷가게를 하며 가정을 꾸려 가셨다. 남동생이 있는데 동생도 많이 도와주었다.

앞으로의 계획은

우리나라 88년생들은 취업에 어려움이 가장 많은 세대라고 한다. 개인 눈높이는 높아졌으나 사회 눈높이는 그대로이기 때문이다. 나도 그 중의 하나이지만 일단 2018평창동계패럴림픽 폐막식에서 공연을 한다. 나로서는 잊지 못할 무대가 되겠기에 열심히 준비하고 있다.

(『E美지』 Vol 7, 2018년 봄호)

고아라

덕원예고 무용과 졸업
경희대학교 및 동대학원 무용학 학 · 석사 졸업 / BalletNova 수석
러시아 모스크바국립발레학교(구 볼쇼이발레학교) 연수
빛소리 친구들 객원, K-Wheel Dance Project 창단멤버

중앙무용문화연구원 대회 금상, 경희대학교 대회 2등상, 한국발레연구학회 대회 대상,
대한민국장애인문화예술상 대중예술상 외 다수
World Miss University 성실상/Miss Deaf Korea 1위/Miss Deaf World(Czech) TOP9, 아시아 1위
Miss World Korea 3관왕/Miss Global Beauty Queen TOP15, Peace Ambassador
라인댄스 1 · 2급 지도자 자격증 동시 취득, 중등교사 2급 교원자격증(무시험검정)

국내/한국발레협회, 한국발레연구학회, 최승희 춤 축제, 대한민국장애인국제무용제
전국장애인체전 개막식 외 소규모 공연 다수
국외/러시아 우수리스크 마을 축제, 체코 공연, 중국 국제교류 만찬 행사 기념 공연

에스더 리 한복패션쇼, Miss World Korea DMZ 패션쇼, Deaf Runway 심사위원
경희대학교 경희봉사단 기획단 및 Happy Plus(장애학생&비장애학생 단체) 활동
방송 출연: 몽골 BTV 다큐, KBS라디오3, SBS 스타킹, 인간극장 출연

저서 「대학생이 바라본 대학문화」(공저), 몽골: 꿈의 모습(소장용)

10

최고의 음악인

이상재

실명으로 만난 클라리넷

그는 1967년 경남 진해에서 3형제 중 장남으로 태어났다. 해군 장교였던 아버지 덕분에 이사를 자주 다녔다. 5세 때 백내장을 앓아 병원에서 치료를 받은 적이 있는데 7세 때 당한 교통사고가 실명으로 이어졌다.

"일곱 살 여름방학 때 교통사고를 당했는데, 큰 외상이 없어서 다행이다 싶었는데 그 사고가 눈에서 빛을 앗아갈 줄 누가 알았겠어요. 너무 어리다 보니 눈에 이상이 생겼다는 것을 몰랐어요. 겨울방학 때쯤에 어머니가 발견했죠. 물건을 눈에 가까이 대고 보더래요. 그래서 병

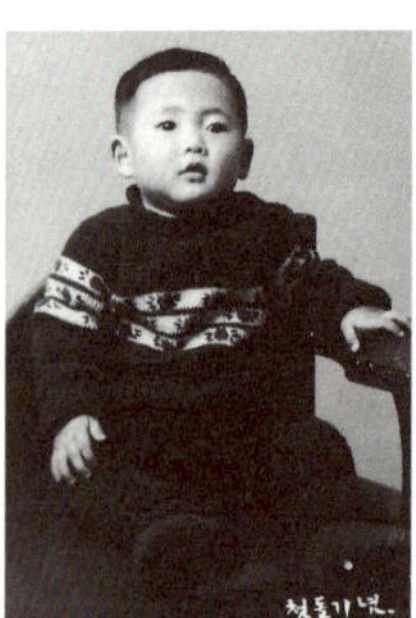

돌사진

6세 때

7세 때 동생들과 함께

원에 갔더니 의사의 진단이 기존의 백내장으로 인해 눈이 건강하지 않은 상태에서, 머리와 눈에 큰 충격으로 시신경을 다쳤다고 수술을 해야 한다고 해서 바로 수술을 받았지요. 눈을 고치려고 삼 년 동안 무려 아홉 번이나 수술을 했지만 서서히 시력이 나빠지다가 열 살 때 시력을 완전히 잃었어요."

하루 종일 밖에서 뛰어노느라 집에 붙어 있지 않던 개구쟁이였던 아이가 앞이 보이지 않자 방안에서 시간을 보냈다. 그때 그의 유일한 친구는 라디오였다. 라디오로 음악을 듣다가 집에 있던 전축(지금의 오디오)으로 클래식 음악을 듣자 귀가 트이는 느낌이 들었다. 그것이 음악에 흥미를 갖게 만들었다. 당시 다니던 부산맹학교에는 풍금 한 대밖에 없어서 음악을 하기에는 열악한 환경이었다. 그러다 4학년 때 서울로 이사하여 서울맹학교로 전학을 했는데 서울은 부산에 비해 교육 환경이 좋았다. 그래서 바이올린을 배울 수 있었다. 5학년 때 학교에 현악합주부가 생기면서부터 본격적으로 연주를 하게 되었다.

부산맹학교 시절

"5, 6학년 때쯤 라디오에서 아름다운 음을 들었어요. 기숙사 형들에게 '이 악기 이름 아느냐'고 물었더니 '클라리넷'이라고 대답하더군요. 그래서 중학교 1학년 때 밴드부에 들어가며 클라리넷을 하겠다고 졸라 클라리넷을 시작했어요. 밴드부는 관악기로 구성되니까 바이올린은 할 수 없었거든요."

밴드부 악기를 사용해야 했기 때문에 충분히 연습할 시간이 없었다. 그래서 선생님께 말씀드려 밴드부 악기를 빌려서 아침저녁으로 연습했다. 부모님께 몇 달을 졸라 중학교 3학년 때 개인 클라리넷을 샀을 때의 기쁨을 그는 아직도 잊지 못한다.

고등학교 1학년 때 지휘자 로린 마젤의 프랑스 국립관현악단 내한공연이 있다는 소식을 듣고, 모아 놓은 용돈을 다 털어 1만 2천 원짜리 티켓을 예매하여 3층 맨 뒤 둘째 좌석에 앉았다. 그때가 1982년 3월 2일이고 장소는 세종문화회관이었다.

"드보르작의 '신세계 교향곡' 7번이 연주됐는데, 클라리넷 음색이 너무 아름다웠어요. 그 순간 클라리넷을 공부하겠다고 확실하게 진로를 결정했죠."

음악을 전공하겠다고 하자 부모님과 선생님들은 반대를 하셨다. 특수교육학과에 진학을 해서 안정적인 삶을 꾸려 가기를 바라셨기 때문이다. 그러나 이상재는 뜻을 굽히지 않았다. 그래서 본격적으로 입시 준비에 들어갔다. 맹학교는 대학 입시를 위한 교육 체계가 아니기 때문에 대학에 가려면 혼자서 많은 준비를 해야 했다. 입시 준비를 위해 레슨을 받았지만 점자 악보가 없어서 선생님이 연주해 주면 멜로디를 외워 가며 공부를 했다.

전문 음악교육

대학에 입학을 할 때는 시각장애 때문에 원서조차 받아 주지 않는 대학도 있었고 합격을 하고서도 불합격의 위험에 처하는 등 어려움이 많았지만 4년 후 중앙대학교 음악대학을 졸업할 때는 수석 졸업이란 결과를 얻었다.

중앙대 음대를 마친 그는 1991년 미국으로 유학을 떠났다. 시각장애인으로서 할 수 있는 일이 가르치는 일밖에 없다고 생각해 교수가 되어야겠다고 결심했다. 동생과 둘이서 영한사전을 가져다 놓고 끙끙대면서 대학원 원서를 작성했다. 합격통지를 받은 후 35㎏짜리 가방 4개를 들고 혼자서 미국으로 건너갔지만, 미국 대학원 생활은 만만치 않았다.

미국 3대 음악대학인 피바디음악대학에서 석사와 박사과정을 6년에 마치고(조기 졸업), 1997년 국내는 물론 미국 피바디음악대학 150년 사상 최초로 시각장애인이 관현악 부문에서 박사학위를 받았다.

피바디 키트 선생님과 함께

피바디 박사학위 수여식 날 부모님과 함께

박사 논문을 썼던 마지막 6개월 동안 하루 2시간 이상을 자 본 적이 없었다. 수면 부족으로 환청까지 들렸지만 뒷바라지해 주신 부모님을 떠올리면서 이겨 냈다.

장애인은 미국에서 생활하는 것이 편하니 미국에 머무르라는 주위의 권유를 뿌리치고 1997년 귀국을 해서 연주 외에 출강과 집필 등으로 바쁜 나날을 보냈다.

중앙대학교, 총신대학교, 한세대학교, 숭실대학교에서 음악강사로 강의하고 계원예고에서도 학생을 가르치며 모교에서 교수 임용이 되기를 고대했지만 현실은 녹록지 않았다. 시각장애인이 미국 유명 대학교에서 박사학위를 받아 귀국한 것에 대한 언론의 관심은 뜨거웠지만 대학은 냉소적이었다.

한국에 돌아와서 받은 가장 큰 선물은 사랑하는 여자와 결혼하고 가정을 꾸린 것이다. 부인은 시각장애인도서관에 근무를 하고 있었기 때문에 시각장애인에 대한 이해가 깊었다. 부인의 내조 속에 그는 사회 활동을 왕성히 할 수 있었다.

어려움을 겪으면서 주위를 둘러보니 재능이 있는 시각장애음악인들이 공연 기회를 갖지 못해 좌절하고 있다는 현실을 알게 되었다. 아무리 실력이 있어도 시각장애연주자들은 악보를 보지 못해 월급을 주는 관현악단에 들어

장애극복상 수상(2009. 4. 20)

갈 수 없었기에 시각장애음악인들로 구성된 세계 유일의 오케스트라인 하트시각장애인체임버오케스트라를 2007년에 결성했다.

뉴욕 카네기홀 암전음악회

하트체임버오케스트라는 시각장애연주자 12명, 비장애연주자 4명으로 출발했다. 비장애연주자는 시각장애인이 주로 다루지 않는 콘트라베이스, 금관악기 등을 지원하기 위해 합류했다. 합주는 그야말로 난관의 연속이었다. 연주자들이 지휘자는 물론 단원끼리도 볼 수 없는 탓에 점자악보로 연주곡을 통째로 외우고 한 곡당 연습을 수백 번 반복해야 했다. 연습할 때는 이 단장이 드럼스틱으로 의자를 두드려 가며 지휘하고 무대에서 연주할 때는 나지막한 구령으로 연주를 시작한다.

서로 눈빛을 교환할 수 없지만 서로를 믿고 연주하다 보니 뛰어난 하모니를 만들어 냈다. 공연 횟수가 늘었다. 2011년 10월과 2015년 두 차례 뉴욕 카네기홀에서 공연도 가졌다.

특히 2011년 10월 27일 뉴욕 카네기홀 공연은 그야말로 대박이었다. 시각장애인 오케스트라 공연은 카네기홀 개관 120년 만에 처음이었기에 우려의 목소리도 있었지만 최고의 공연이었다는 찬사가 쏟아졌다.

120년 역사를 자랑하는 세계 최고의 무대 카네기홀은 개관 이후 처음으로 공연장 불을 모두 끄는 암전 무대를 만들었던 것이다. 시각장애연주자들이 보조단원들의 손을 잡고 무대에 오르고 악기를 들고 자리를 잡은 뒤에 무대와 객석 모두 어둠으로 물들었다. 지휘자도, 악보도 없이 '하나 둘 셋 넷' 구령 이후 2시간 동안 베르디 오페라 '운명의 힘 서곡' 등 14곡이 연주됐다. 조명이 다시 켜지자 관객 600여 명은 일어나

4차례 박수를 보냈고 이들은 3차례 앙코르 연주를 했다.

어려움 속에 성사된 카네기 공연은 미국 관객들에게 큰 감동을 줬다. 공연이 끝난 후 무대 뒤로 밀려오는 관객 때문에 단원들이 30여 분이나 대기실에 갇혀 있어야 했다.

"미국시각장애인협회에서 온 사람들은 '한국에 이렇게 멋진 단체가 있었느냐.'며 '시각장애인으로서 자랑스럽다.'고 말해 주더군요. 뉴욕 병원에서 일하는 간호사들은 '환자를 돕는 어려운 일을 하는데 이 콘서트로 큰 위로를 받았다.'고 했지요."

하트체임버오케스트라는 현재 시각장애인 13명과 비장애인 8명으로 모두 21명이 활동하고 있다. 2007년 7월 서울 영산아트홀에서 가진 창단연주회 이후 지금까지 400여 회에 이르는 공연을 해 왔다. 레퍼토리도 이제 200곡 이상 확보했다.

국내외에서 연주 활동을 활발히 펼치면서 시각장애음악인과 일반 음악인의 협연이 성공적으로 자리잡았다. 오케스트라를 운영하느라고

단원들과 함께

이상재는 이곳저곳 공모사업에 응모하느라고 사업계획서를 쓰느라 밤을 새우고 운영비를 마련하느라고 문화재단과 기업에 찾아다니며 지원을 요청하는 고난을 겪으면서도 항상 웃었다. 그에게는 아주 특별한 긍정의 힘이 있는 듯하다. 2014년도에 문화부 사회적협동조합 1호로 법인 인가를 받으면서 안정적으로 운영은 하고 있지만 아직도 장애인음악에 대한 사회적 평가가 낮아서 오케스트라의 진가가 제대로 인정받지 못하는 것이 안타깝다.

이상재 박사는 현재 나사렛대학교 관현악부 교수로 학생들을 가르치고 있으며, 시각장애 아들을 훌륭히 키운 부모님 모두 건재하시고, 아내와 두 딸이 있는 가정은 행복하다. 가정을 지키고 오케스트라를 열심히 운영하기 위하여 12년째 수영으로 건강관리를 하고 있다.

이상재 박사는 음악성이나 삶의 궤적에서 최선을 다해 정상에 이른 최고의 음악인으로 기억될 것이다.

(『E美지』 Vol 11, 2019년 봄호)

이상재

나사렛대학교 음악학부 관현악과 부교수
하트시각장애인체임버오케스트라 이사장 겸 음악감독

1990 중앙대학교 음악대학 관현악과 수석 졸업
1993 PEABODY CONSERVATORY OF MUSIC 석사학위(Master Of Musical Degree)
1997 PEABODY CONSERVATORY OF MUSIC 박사학위(Doctor Of Musical Arts Degree)

1988 제5회 부산음악콩쿠르 입상
1997 PEABODY LYNN TAYLOR HEBDEN PRIZE IN PERFORMANCE 수상
2005 교육인적자원부장관 표창
2006 대한민국장애인문화예술대상(음악 부문)
2009 올해의 장애인상(대통령상) 수상
2011 문화체육관광부장관 표창
2014 대한민국장애인문화예술상 대상
2015 제2회 이승휴 문화상

2003 브람스 탄생 170주년 기념앨범 'Brahms Sonatas, Schumann Romances' 독집 발매
2004 크로스오버 음반 'Close Your Eyes' 발매
2006 크로스오버 음반 'painted times' 발매
2008 '이상재의 편지 Painted Times II' 발매
2014 'LOST DAYS' 발매

저서 「그래 네 마음은 눈을 감고도 볼 수 있단다」(2006), 「서양음악 점자해설」(2019)

독주회 20여 회
협연 우크라이나심포니오케스트라, 토쿄 게이다이 필하모니, 파나마 국립교향악단, 서울바로크합주단, 대전시향, 인천시향 등 국내외 유수의 오케스트라와 80여 회
해외연주 New York UN 본부, Hong Kong City Hall, 말레이시아 콸라룸푸르 문화예술회관, 스위스 UN 본부, 폴란드 바르샤바 국립극장 등 50여 회
실내악 연주회 300여 회 등

11

나는 써야 한다, **황원교**의 외침

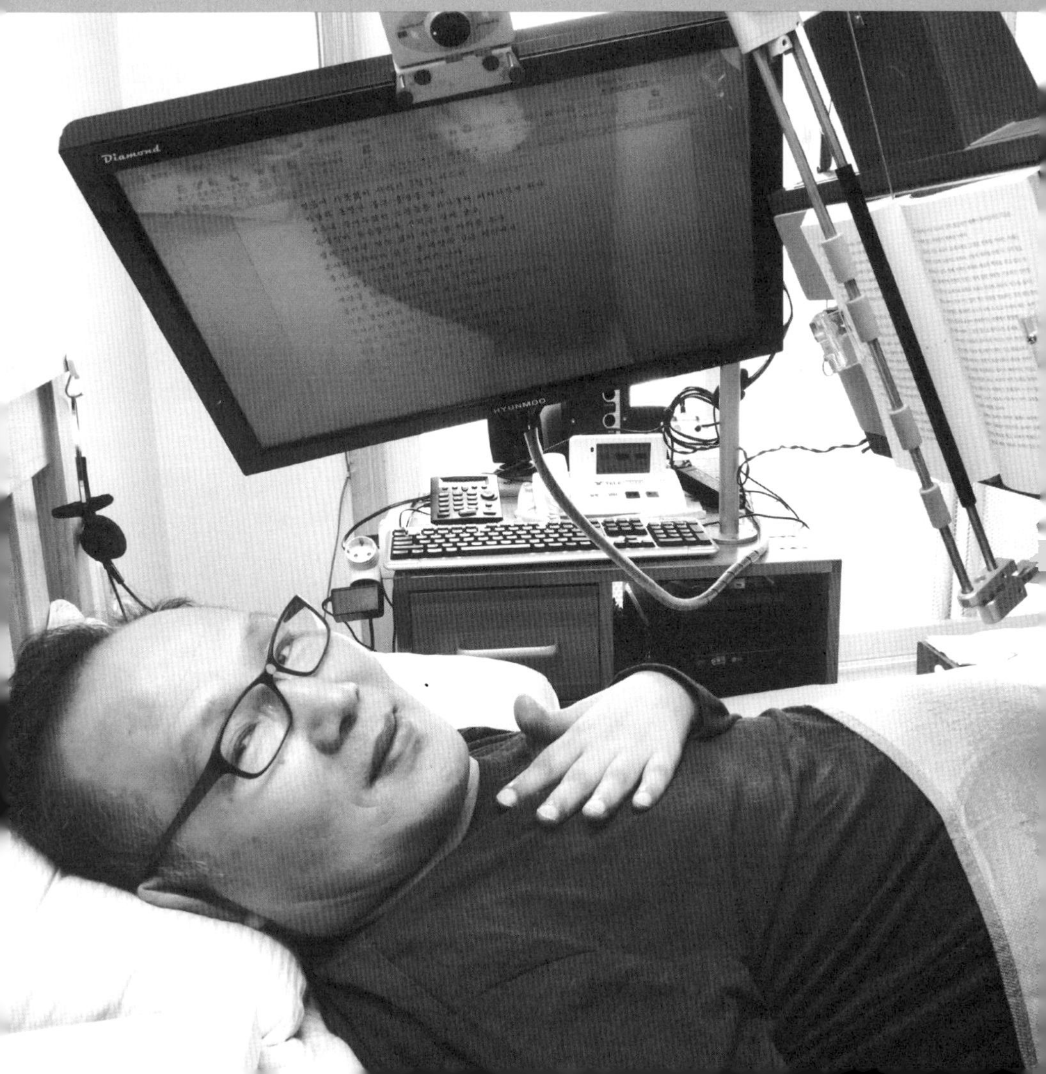

결혼식 일주일을 앞두고 벌어진 사건

1959년 춘천에서 2남 2녀의 장남으로 태어나 대학에서 산업공학을 전공하며 군생활도 ROTC로 육군 포병장교로 임관하여 중위로 전역한 누구보다 건강한 대한민국 남자였다. 사회에 나와 직장생활을 하면서 결혼식을 1주일 앞두고 신부 될 여자와 함께 고향에 계신 부모님께 인사를 드리러 갔다가 돌아오는 길은 행복이 가득했다. 자동차 안에 4명이 있었는데 모두 소풍 다녀오는 사람들처럼 들떠 있었다. 순간 자동

1981~1982 ROTC 후보생 시절과 1983년 2월 22일 장교 임관식 당일

교통사고 1주일 전 모습

차가 고속도로 가드레일을 박고 개천 아래로 굴러떨어졌는데 운이 없게도 물속에 있는 암반에 부딪힌 곳이 바로 그가 앉아 있던 뒷자석이었다. 그래서 나머지 세 명은 걸어서 나올 정도로 경상이었지만 그는 경수 4, 5번 손상에 의한 전신마비장애를 갖게 되었다. 그날은 1989년 3월 26일로 그의 나이 29세였다.

그 뒤 3년 동안 서울성모병원에서 입원해 살았다. 각종 합병증(급성폐렴 · 기관지염 · 심장부정맥 · 기립성저혈압 · 늑막염 · 결핵 · 신장 및 방광결석 등)이 찾아왔다. 중증의 장애로 인한 욕창 · 발작성근육경련 및 강직현상이 나타났고, 정신적으로 우울증 · 공황장애로 시달리며 수차례 사선을 넘나들어야 했다. 더욱이 신장 185cm, 체중 80kg의 거구라서 항상 2인 이상의 도움이 필요하여 가족들도 시달렸다.

문학이란 동아줄을 잡고

병원 치료를 마치고, 1991년 충북 청주로 이주하였다. 청주에 여동생이 살고 있었다. 경제적인 문제로 서울을 떠나 마치 이 세상에 없는 사람인 양 몇 년의 시간을 흘려 보내며 자신을 돌아보게 되었다. 그의 모든 경력은 쓸모없는 휴지조각이 되어 버렸다. 뭔가를 하려고 해도 손을 사용할 수 없는 그는 그 어떤 시도도 할 수 없었다. 그러던 어느 날 TV에서 나무젓가락 같은 것을 입에 물고 컴퓨터 자판을 치는 모습을 얼핏 보았다.

'아, 저런 방법이 있었구나!'

그는 마우스 스틱을 구해 컴퓨터 앞에 앉았다. 하지만 어지럼증으로

1시간도 앉아 있기 힘들었고, 스틱을 물고 있는 시간이 많아지자 이가 아파서 밥을 먹을 수가 없었다. 하지만 포기하지 않고 연습을 했다. 그것마저 하지 않으면 정말 아무것도 할 수 없는 산송장이나 다름이 없었기 때문이다.

컴퓨터 사용이 가능해지자 그에게 필요한 정보를 얻을 수 있었다. 입에 붓을 물고 그림을 그리는 장애인화가들이 있다는 것을 알게 되어 그림을 그려 볼까 하는 생각도 했지만 자신의 체력으로는 감당할 수 없겠기에 글을 쓰기로 하였다.

사고 후 대부분의 시간을 책을 읽으며 보냈고 학창 시절 글짓기를 좋아하던 문학소년이기도 하였던 그는 글을 쓰는 것이 더 편하고 즐거웠다.

황원교는 이 엄청난 불행에서 탈출하기 위하여 글을 쓰고 또 썼다. 그것이 시가 되었다. 그리고 입에 마우스 스틱을 물고 컴퓨터 자판을 한 자 한 자 눌러서 쓴 시가 1996년 충청일보 신춘문예에 당선되어 세상에 그의 존재가 드러났다. 사실 그때 충청일보와 강원일보 두 곳에 응모를 했는데 강원일보 신춘문예에 최종심에 올랐으니 실력이 수준급임을 알 수 있다. 자신감을 얻은 그는 시작(詩作)에 몰두하였고 2000년 계간 『문학마을』에서 신인상을 수상하여 문인으로의 삶을 굳히게 되었다.

사랑과 결혼

1995년 5월 어느 날 24시간 그의 곁을 지키던 어머니께서 쓰러지셨는데 병원에 도착하기도 전에 숨을 멈추셨다. 심장마비였지만 원인은 과

로였다. 아들이 장애를 갖게 된 후 어머니의 삶은 오롯이 아들을 돌보는 것이었다. 어머니가 아들이 문인이 되는 것을 못 보고 떠나신 것이 황원교에게 가장 안타까운 일이다.

결혼사진

어머니의 갑작스러운 죽음은 황원교에게 또 한 차례 몰아닥친 위기였다. 어머니를 잃은 슬픔보다 전신마비 장애로 살아갈 길이 더 막막하였다. 그의 사정을 누구보다도 잘 아는 사람들은 성당 청년회 회원들이었다. 청년들이 조를 짜서 황원교를 보살펴 주었다. 가장 열심히 도와준 사람은 청년부 부회장이었다. 부회장이라서 책임감도 있었고 여성이라서 어머니 같은 섬세함이 있었기에 그는 부회장이 왔을 때가 가장 편했다.

그녀도 아이들을 가르치는 일을 하면서 틈틈이 그를 들여다봐 주는 인정을 보였다. 시간이 흐르면서 그녀에게 특별한 마음이 생겼지만 황원교는 애써 자신의 마음을 외면하였다. 자기는 한 여자를 행복하게 해 줄 수 있는 능력이 없었기 때문이다. 그렇게 7년의 세월이 흘렀을 때 그녀는 자신의 꿈인 수도자가 되기 위하여 수녀원 입소를 준비하고 있었다. 황원교는 그녀를 보내기 싫었다. 아니 보낼 수가 없었다. 그래서 자신의 사랑을 고백하였고, 그녀도 기꺼이 그의 사랑을 받아 주었다. 그의 아내가 된 것이다. 양가 허락을 받고 성당에서 신부님 집도로

2001년 9월 23일 결혼미사를 올렸다.
이 기적 같은 러브스토리는 지금까지 천주교계를 비롯하여 문단 내에서 천사의 신화로 회자되고 있다.

결혼 후 그는 더욱더 활발한 창작 활동을 하며 시집 네 권과 산문집 한 권 그리고 장편소설 「나무의 몸」을 출간하면서 저력 있는 작가로 자리매김하고 있다. 소설을 집필하는데 3년이 걸렸다. 1년 동안 구상을 하였고, 2년 동안 마우스 스틱으로 한 자 한 자 찍어서 스토리를 만들었다. 소설은 처음이라서 어려움이 많았지만 이야기를 만들어 간다는 점에서 재미있었다.
그는 소설 속에서 스스로의 일생에 견주어 펙트와 픽션의 경계를 종횡무진 넘나들며 파란만장한 서사를 이어 간다. 또 연이은 불행과 고통을 문학적 열정으로 승화시키며 현실의 어려움을 극복해 내는 인간 정신의 위대함을 보여 준다. 그러면서 인생이 아무리 나빠 보여도 살아 있는 한 희망이 있고, 살아야 할 분명한 이유가 있다면 어떤 고난과 시련도 감내할 수 있다고 역설한다. 궁극적으로는 육체를 초월한 아가페적 사랑의 경지를 구가하여, 읽는 이로 하여금 진한 감동을 불러

장편소설 「나무의 몸」

산문집 「굼벵이의 노래」

시집 「꿈꾸는 중심」

시집 「빈집 지키기」

일으키고 있다.

황원교는 소설 후기에 이런 고백을 남겼다.

– 장애인이 된 후, 혼자라는 사실을 더욱더 뼈저리게 절감했다. 하지만 역설적이게도 그런 시간에 가장 외롭지 않았고, 점점 더 강해져 갔다. 오롯이 자신을 성찰하고 존재에 대해 깊이 사유할 수 있는 기회가 주어졌기 때문이다.

전국에서 모인 ROTC 동기들과

충북지역 ROTC 동문 모임에서

군 시절 부하들과 서울 명동성당에서

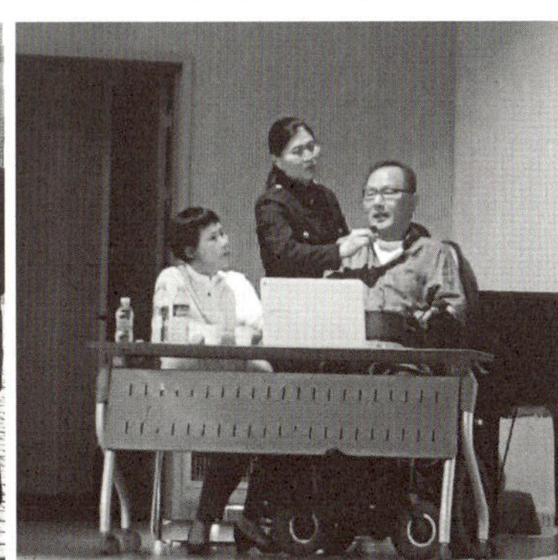

충북녹색어머니회 특강

노벨문학상 수상작가인 아나톨 프랑스(1844~1924)는 '안다는 것은 전혀 중요하지 않다. 상상하는 것이 가장 중요하다.'고 하였듯이 소설은 오직 인간에 대한 탐구와 이해를 위해 무한한 상상력으로 꾸며진 비밀의 정원이다.

수많은 낮과 밤을 쓰고 고쳐 쓰길 반복했다. 드디어 끝이 보였다. 생애 첫 번째 장편소설은 엄연한 상상력의 소산이다. –

위기 또 위기 그러나…

그녀는 누워서 생활하는 남편의 일상과 노쇠해진 시아버지를 모시는 일 그리고 가정 경제까지 책임져야 했다. 황원교의 글쓰기는 경제에 전혀 도움이 되지 못한다. 글을 열심히 써서 작품을 완성해도 책을 출간해 주는 출판사가 없어서 장애인예술가 창작지원금 공모에 신청하여 선정이 되어야 겨우 책을 낼 수 있다.

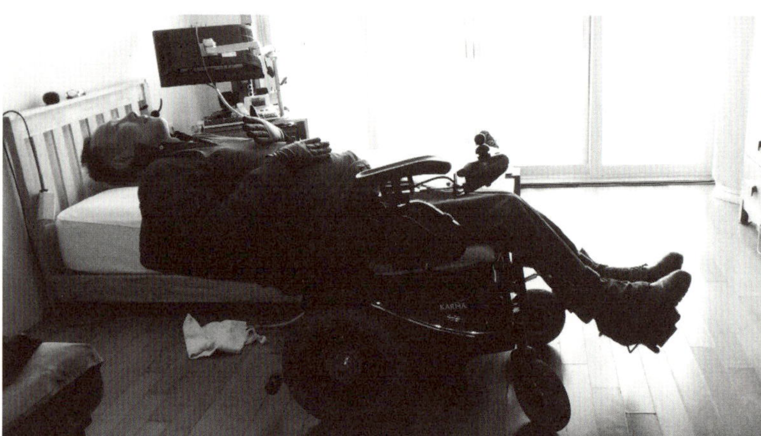

외출 전 침대형 전동휠체어 탑승 시 극심한 기립성저혈압으로 누운 상황

최준, 나영순 시인과 우리 부부가 증평 보강천 미루나무숲에서

어느 초겨울 아내와 청남대에서

그런데 좋은 글을 쓰기 위해서는 공부를 해야 하기에 온라인 문학강좌를 수강하고 일주일에 한번씩 세상 구경 삼아 오프라인 문학교실에 참여하여 공부를 한다. 그런데 체격이 큰데다 장애가 심해 온몸이 축 늘어진 상태여서 장정 2명이 달라붙어야 침대에서 휠체어로 옮겨 앉힐 수가 있다. 그래서 그는 외출을 위해 예비군 군대에 부탁하여 상근 예비역 군인들의 도움을 받고 있다.

가끔씩 기업 특강 강사로 초빙을 받아 서울에도 오고 춘천 고향에 갈 때는 부인이 운전을 해서 이동을 한다. 그의 인생에 절대적인 존재인 부인이 2005년 유방암 진단을 받아 또 한 차례 가슴을 쓸어내렸다. 그녀는 살기 위해 열심히 치료하여 이겨 내는 듯하였지만 2013년에 난소암으로 다시 수술을 하였다. 그런데 이게 무슨 운명의 장난인지 2017년 다시 유방암이 재발하여 현재 투병 중이다.

이렇듯 오랜 투병 생활을 하면서도 5년 전 시아버지가 돌아가시기 전까지 계속 모시며 큰 며느리로서의 역할에 소홀함이 없었던 부인을 생각하면 그는 가슴이 미어진다.

지금도 아픈 몸을 이끌고 일터로 간다. 활동보조서비스가 실시되면서 부인이 없는 시간은 활동보조인의 도움을 받고 있지만 퇴근해서 돌아온 부인은 온 집안을 동동거리며 다니면서 가사 노동을 해야 한다.

시집「오래된 신발」

시집「혼자 있는 시간」

그런 아내를 위해 그는 글을 쓴다. 뭐라도 하지 않으면 아내의 노력을 보상할 방법이 없기 때문이다. 요즘 그는 에세이를 쓰고 있는데 제3자의 시각으로 인생을 다시 살펴보고 있다.

(『E美지』 Vol 14, 2019년 겨울호)

시월의 편지

황원교

문득 잊혔던 사랑이 아련히 떠오르고
장엄으로 타오르는 저녁놀을 바라보며
생의 덧없음과 고독에 겨워 술잔을 기울일
그대를 생각합니다

오롯한 침묵 속에서
저 분분히 저무는 가을꽃과 단풍처럼

그대 또한 깊어지는 중이신가요

까닭 모르는 외로움을 타고 있을 그대에게
이렇게 안부를 전하는 것은
가뭇없이 먼 길 떠나는 철새들처럼
서로의 안부가 끊기는 일이 없길 진심으로 바라기 때문입니다

만약 이 시간,
가을 우수에 흠뻑 젖어 계신다면
그대 안에 슬픔이 파도처럼 밀려오고 있다면
벽난로에 불을 지펴 따스한 찻물을 끓여 놓고
온종일 그대를 기다리겠습니다

지금 그대가 꿈꾸는 사랑과 희망, 성공과 행복이
저 단풍처럼 형형색색으로 물들어서
남은 생을 밀고 가는 찬란한 힘이 되길 바라며
부디 눈물겹게 아름다운 시월이길 기도합니다

나는 밤하늘의 별처럼 이 자리를 지키며
늘 그대의 발등을 비추고 있겠습니다

캐리커쳐

황원교

1983 강원대학교 산업공학과 졸업
1983 ROTC 21기 육군 포병장교 임관
1983 보병 제26사단 631포병대대 관측장교 및 3포대 전포대장 복무
1985 예비역 육군 중위 전역
1985 동아생명 인사부 근무

1996 충청일보 신춘문예 당선
2000 계간 『문학마을』 신인상
2013 제3회 청선창작지원대상

한국문화예술위원회 장애인예술가 창작지원금 수혜 3회

시집 「빈집 지키기」, 「혼자 있는 시간」, 「오래된 신발」, 「꿈꾸는 나무」
산문집 「굼벵이의 노래」
소설집 「나무의 몸」

12

30cm자로 세상을 품는 화가

한부열

그림은 소통의 도구

30cm자를 이용하여 온 마음을 그려 내는 작가, 이 세상에 존재하는 모든 것들이 작가의 눈에는 같이 소통할 수 있는 생명으로 여겨진다. 그래서 숫자, 도형, 물건들까지도 의인화하여 표현되어진다.

자신만의 독특한 화법이 탄생한 것은 세상과 소통하고픈 열망이었을 것이다. 어우러지는 삶으로 인간세계의 따뜻함을 표현해 낸 것이 중첩으로 작가만의 독창성을 탄생시킨 것이다.

한부열은 세 살 때 자폐성 발달장애 진단을 받았다. 자폐증이 심해서 엄마한테조차 눈을 맞추지 않고 자기만의 세상에 갇혀 있었다. 엄마는 아이를 위해 뭔가를 하고 싶었지만 아이가 무엇을 좋아하는지 알 수가 없어 답답한 시간을 보내고 있었다.

부열은 9세가 되어서야 초등학교에 입학하였다. 그때서야 '엄마'라는 말을 했기 때문이다. 그런데 학교에서 부열이는 통제가 안 된다며 학교생활이 어려운 아이라고 하였다.

그 말은 곧 교육을 포기하라는 것이었다. 엄마는 그 말이 아이에게 장애가 있다고 진단한 의사의 말보다 더 충격적이었다.

"선생님! 저 좀 살려 주세요."라며 매달렸다.

아빠의 근무지가 사우디아라비아로 바뀌게 되어 부열은 초등학교 5학년 때 아주 평화로운 항구도시 제다에서 학교를 다니게 되었다. 어느 날 교장 선생님이 말씀하셨다.

"부열이는 대상을 보는 시각이 아주 독특해요. 그림 그리기를 좋아하지요. 그림을 그릴 때 집중도 잘하고 무엇보다 아이가 행복해 보여요."

교장 선생님의 부열이에 대한 특별한 관심으로 엄마조차 모르고 있었던 한부열의 그림 재능을 발견하게 되었다. 똑같은 학생이지만 교육적 가치가 달랐다.

그때부터 부열이는 하루에 A4용지 100장 넘게 그림을 그리며 대부분 시간을 그림에 매달렸다. 뛰어다니거나 소리를 지르고 몸을 흔들어 대는 등 통제가 불가능한 극단적인 강박증세를 보였던 부열이 그림을 그릴 때만큼은 몇 시간이고 가만히 앉아 그림에만 집중했다. 그림을 그리며 부열의 과잉행동은 점차 줄어들었다.

아들이 그림을 좋아한다니까 엄마는 아들이 그림을 그릴 수 있도록 색연필을 사 주고 종이를 사 주는 정도로 지원을 해 주었을 뿐이지 그림 공부를 별도로 시킬 수가 없었다. 아들이 다른 사람과의 소통이 전혀 되지 않았기에 교육이 이루어질 수 없었다.

세상과 소통이 거의 불가능한 수준의 자폐증을 가지고 있었지만 그는 그림을 통해서 세상과 소통하기 시작했다. 그림으로 세상에 현실성을 부여하고 자신의 욕구와 생각들을 표현했다.

그림은 그가 바라본 세상을 묘사하고 감정을 표현하는 언어다. 세상과 공유하기 위한 발판을 그림을 통하여 찾아냈고, 상상력의 범위를 넓혀 가며 작품 세계를 확장해 가고 있다.

중국에서 11년 동안 살면서 외부의 개입 없이 온전히 자신의 특별한 방법을 찾았기에 독특한 그림을 그릴 수 있었다.

전업 작가 한부열

작가가 세상을 보는 독특한 방식은 그의 작품 속에 녹아 있다.

그는 어린 시절 사람들이 자신을 향해 손을 흔드는 것을 보며 다른 사람에게 인사할 때는 그 모습을 흉내내, 그 사람의 손바닥이 자신을 향했던 것처럼 자신의 손바닥이 자신을 향하도록 손을 흔들어 인사를 했다. 지금은 반복적인 학습을 통해 다른 사람과 똑같이 손바닥을 바깥으로 하여 인사를 하지만 여전히 그가 그린 그림 속에서는 손바닥이 아닌 손등을 보이고 있다.

이렇듯 그의 작품에는 보통 사람과 다른 시각들이 작고 작은 디테일로 드러나 있다.

'부열이 시력은 5.0 정도 되는 것 같아.'라고 종종 말한다. 그는 비장애인들이 보지 못하는 현상의 이면을 꿰뚫어 보기 때문이다.

2012년 한국에 돌아와 2013년부터 본격적인 작품 활동을 시작하면서 세상에 한부열을 알리기 위해 현장에서 그림을 그리게 되었는데 그것이 라이브 드로잉으로 한국에서 공식적인 자폐 1호 라이브 드로잉 작가가 되었으며 현재까지 개인전, 단체전, 공모전, 라이브 드로잉 퍼포먼스를 펼치는 등 활발한 활동을 이어 가고 있다.

2015년 5월 예술의전당 한가람미술관에서 열린 KPAM 대한민국 미술제를 시작으로 전업 작가로 발돋움하며 세 번째 개인전을 열었다. 전시회를 열 때마다 작품이 매진되는 진풍경이 펼쳐지는데 엄마는 아들의 작품을 사 준 고객들이 너무나 고마워서 판매 금액 전액을 기증하기도 하였다.

2015년 한부열 작품이 전문가들로부터 인정을 받아 한국전업미술가협회 정회원이 되어 전업 작가로 활동하고 있다. 엄마는 아들의 그림 활동을 쓴 에세이 「아들아, 오늘도 너의 꿈을 세상에 그리렴!」이라는 책을 발간하면서 한부열을 적극적으로 세상에 알렸다. 그 결과 한부열의 활동이 확장되어 갔다.

2016년 〈LET'S go with HBY!!!〉전으로 제주를 시작으로 전국 투어를 시작했다.

지금까지 이어지는 13여 차례 개인전 모두가 초청전으로 이어지는 성과를 이루어 가고 있다는 것도 예사롭지 않은 성과이다.

구립 어린이집을 돌면서 '우리는 친구'라는 제목으로 장애인 인식개선 프로그램에도 참여하였고 어린이들 대상 워크숍도 이어 가고 있다. 중국을 시작으로, 해외 활동을 전개하려 준비 중이다.

한부열의 독특한 미술세계

그 독특한 시각으로 만들어진 작품은 현대미술의 핵심인 독창성을 지니고 있다. 그래서 그의 작품은 그림 애호가뿐만이 아니라 그림에 관심이 없던 사람들도 한눈에 '야, 정말 독특하다.'는 감탄을 쏟아 낸다. 해외에서도 더 큰 반향을 일으키며 온 세상 사람들과 소통하고 있다.

30㎝자를 이용해 인물을 각(角)지게 그리는 그의 그림은 얼핏 입체파 화풍을 연상시킨다. 고치거나 지우는 것 없이 한번 시작하면 단번에 마무리짓는 것 또한 그만의 작풍(作風)이다.

기본 도형과 원색을 사

용하는 능력이 탁월한 한 작가의 그림은 한번만 봐도 뇌리에 깊숙이 박힌다. 그 작품의 가장 큰 특징은 중첩으로 여러 개체를 겹치거나 또는 한 개체의 앞모습과 뒷모습을 동시에 표현한 것인데 엄마는 '부열이의 그림은 겹쳐서 그리는 것과 얼굴을 숫자로 표현하고 있다.'는 것이 특징이다. 부열이 30cm자를 사용하는 것은 작은 흐트러짐도 못 견뎌하는 자폐 성향에서 나왔다. 장애가 그를 화가로 만든 것이다.'라고 설명해 주었다.

한부열 작가의 그림 속에는 '엄마', '아줌마', '누나' 등 주변 사람과 유난히 안아 주는 그림이 많다. 지인들과 즐거웠던 일, 인상 깊었던 일 등이 소재가 되기 때문이다. 어렸을 때 집착을 보였던 고무장갑도 많이 등장하는데 고무장갑 속의 매니큐어를 칠한 손을 표현하여 인간의 감추어진 내면을 들여다보는 듯하다.

(『E美지』 Vol 9, 2018년 가을호)

엄마의 삶과 하나된 이름 한부열.

대화로 모든 것을 이해시킬 수 있었다면 아마도 이렇게까지 엄마 마음에 큰 부분을 차지하고 있지는 않을 것 같구나.

엄마가 많이 부족하다 보니 너의 맘을 다 알아차려 그 뜻을 헤아리지 못했던 때가 더 많았던 것 같다.

세상과의 단절 속에서 가장 큰 소통의 길은 엄마였을 텐데…

돌이켜보니 부열이가 그리 펄펄 뛰기도 하고 이상한 소리를 냈을 때는 분명 하고픈 말이 있어서였을 텐데, 알아차릴 수 없는 행동들을 감당할 수 없어 엄마는 엄마대로 속앓이하는 세월의 연속이었단다.

참으로 안타까운 일들이 일상 속에서 많이 일어났지만 누구도 너의 맘을 이해하기보다는 엄마까지도, 힘든 부분만 부각시켰을 뿐

진정한 너의 안타까움에는 소홀한 것이 아니었을까 하는 생각이 드는구나.

엄마의 목소리가 유난히도 큰 것은 부열이 목소리까지 두 사람의 소리를 세상에 들려줘야 한다는 생각 때문이었을 거야.

그런데 정작 그 큰 소리를 부열이를 부르는데 가장 많이 썼던 것 같다.

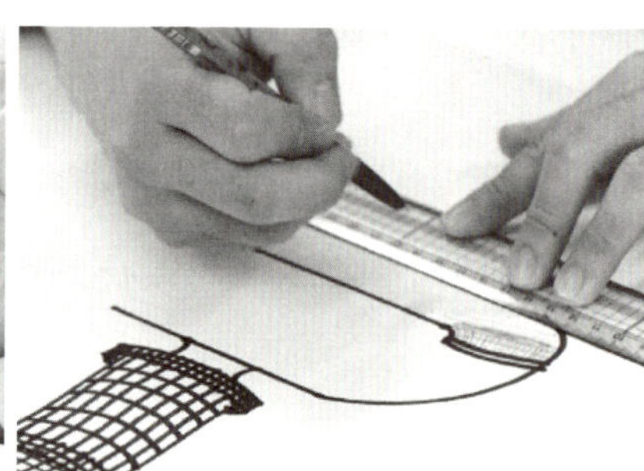

그 소리에 오히려 네가 놀라기도 했던 때가 떠오르네^^

부열이가 무엇을 좋아하고 무엇을 싫어하는지, 무엇을 하고 싶어 하는지, 무엇을 먹고 싶어 하는지를 안다는 것으로 너를 안다고 착각한 세월이 참으로 길었구나.

부열이가 진정 하고 싶어 하는 것이 소통이라는 것을 알았을 때 엄마는 긴 터널을 빠져나오는 한 줄기 빛을 본 듯했단다. 부열이가 가장 좋아하고 잘 하는 그림으로 세상 사람들에게 인정을 받고, 소통이 가장 확실하게 되는 그 현장이, 바로 세상과 하나되는 시간이었지. 부열이가 그렇게도 울부짖는 몸짓으로 표현을 했던 하고 싶은 일의 성과가 아니었을까? 그 천상의 미소는 엄마에게 준 가장 큰 선물이었단다. 고마워 아들!

30년의 세월이 암흑이었다면 이제는 빛의 세상으로 나가는 길을 찾았고 세상 사람들과 함께 살아갈 수 있는 길에 들어선 것이 가장 큰 기쁨이란다.

장애든 비장애든 누구에게나 잘하는 것이 있고 하고 싶은 것이 있다는 것은 축복이란다.

그런 면에서 부열이는 타고난 축복받은 사람일 거야.

마음을 비운다는 것은 욕심을 갖지 않는다는 것이지.

지금까지의 세월이 비운 마음 때문에 그 환희가 더 크게 다가왔을 거야.

오히려 지금부터 엄마가 욕심을 내지 않을까 하는 조심스런 마음이 드는구나.

지금까지는 엄마가 부열이 보호자였다면

지금부터는 부열이가 엄마를 잡아 주는 멘토가 되어 주렴.

엄마의 편지를 세상의 귀로는 알아듣지 못하는 부분이 많을 거야.

하지만 너와 나, 하늘의 눈빛으로 우리끼리만 아는 대화로 하자꾸나.

사랑한다는 한마디 말로는 다 표현되지 못할 엄마의 마음을 부열이는 알거라 믿어.

아들~ 사 랑 해!

–「아들아, 오늘도 너의 꿈을 세상에 그리렴!」에서 아들에게 보내는 편지

한부열

2013 SK이노베이션 본사 사옥 라이브 드로잉퍼포먼스
-한국 공식 첫 자폐인 라이브 드로잉 작가 데뷔
2014 중국 청도 적십자 초청 개인전 및 중국 청도 소재 엘림 자폐학교 라이브 드로잉 30여 회
2015 중랑구 소재 어린이집 '우리는 친구' 프로젝트 시작

개인전 전국투어 LET'S go with HBY!!!(4월 RISK, 에프터글로우-제주, 5월 예술의전당-청주, 6월 엑스코-대구, 6월 예술가의집-대전, 11월 현대아트센터 경기도-오포, 12월 갤러리 활-서울) 외 20여 회온오피셜 프리뷰 마음속의 이야기 3인전 외 전시회 50여 회

2014 제24회 대한민국장애인미술대전 입선, 마이크 임팩트 청춘열전 공모전 입선
2015 꿈틔움 공모전 대상/2016 중외제약 JW ART AWARDS 공모전 최우수상
2017~2018 개인전, 서울아트쇼 코엑스 아트페어 등
2019 예술路, 아티스트 콜라보 ARTTY 참여 등
2020 개인전, 포스코1%나눔재단 캠페인 협업 등
2021 아르브뤼코리아 국제미술교류전 등

자전에세이「아들아, 오늘도 너의 꿈을 세상에 그리렴!」
그림책「한부열의 선물」

13

'바퀴 달린 성악가'라고 당당히 말하는

이남현

다이빙 사고로 전신마비

유엔이 정한 장애인의 해이던 1981년 서울에서 태어나 현대삼호중공업에서 근무하는 아버지를 따라 전남 목포로 내려갔다. 노래를 곧잘 부르고 놀기 좋아하는 평범한 아이였다. 중학교 때 누군지도 모르는 성악가의 노래를 듣고 몸에 전율을 느낀 뒤 전남예고에 들어가 성악을 처음 배웠고, 대학에서도 성악을 전공했다.

그러나 제대 후 복학을 준비하던 2004년 여름 그의 날개는 꺾였다. 친구들과 수영장에서 물속으로 들어가기 위해 다이빙을 하였는데 수영장 벽면에 뒷머리를 부딪혔다. 몸을 움직일 수가 없었다. 30분 동안 물속에 잠겨 있었지만 친구들은 그가 잠수를 하는 줄 알았다. 워낙 수영을 잘 하기 때문에 그에게 수영장은 위험한 곳이 아

사고 전

니었다. 구급차에 실려 응급실로 들어가 폐에 찬 물을 빼내고, 6시간에 걸쳐 수술을 받았다. 머리를 부딪히며 목뼈가 부러져 목뼈 조각 수십 개를 제거하고 골반뼈를 목에 이식하는 대수술이었다.

수술 후 그는 눈으로 천장을 보는 것 외에 고개를 돌릴 수도 없었다. 의사는 경수(목뼈 속 신경) 손상으로 어깨 아래가 마비된 전신마비 진단을 내렸다. 그보다 더 충격적인 것은 '폐활량이 사고 전의 30%밖에 되지 않아서 더 이상 노래를 부를 수 없다!'는 사형선고 같은 선언이었다.

노래 부르기 훈련

삶이 고통이고 절망이었던 그에게 한 줄기 희망의 빛이 다가왔다. 어느 날 통원 치료를 받으러 병실로 이동하던 중 어린이병동에서 동요를 부르는 아이들의 노랫소리를 들었다. 창밖에서 물끄러미 바라보고 있는데 한 아이가 문을 열고 그에게 '들어오라'고 손짓을 보냈다. 아이들은 율동과 함께 동요를 부르며 해맑은 미소를 짓고 있었다.

"태어날 때부터 장애를 가진 아이들이었죠. 그런데 모두 티없이 해맑았어요. 천사 같았죠. 나보다 더 나을 게 없는 상황에서 희망을 갖고 노래하는 아이들을 보는 순간 '이렇게 살아서는 안 되겠구나!' 하는 생각이 번쩍 들었어요. 저도 노래를 통해 희망을 전파하는 사람이 되고 싶었죠."

그 후 그는 불가능하다고 포기할 것이 아니라 가능한 방법을 찾아보기로 하였다. 그래서 그는 다시 노래를 시작했다. 처음 목표는 노래 한

곡의 1절만 부르는 것이었다. 1년 동안은 '도레미파솔라시' 7음계만 연습하고 또 연습했다. 결국 2년이 지나 '청산에 살리라'의 1절을 부를 수 있게 됐다.

"사고 후에 숨을 모아 한숨을 쉴 수 없었고, 숨을 모아 기침도 할 수 없었죠. 그러니 숨을 모아 부르는 노래를 한다는 것은 꿈도 꾸지 못할 일이었어요. 그런데 꾸준히 연습을 하자 노래 한 곡을 부를 수 있게 되었어요. 노래를 마치고 나자 하염없이 눈물이 흘러내렸어요."

성악가가 되다

요즘 그는 전국을 돌아다니며 노래를 부른다. 그를 불러 주는 곳은 어디든 마다하지 않는다. 2011년 9월 서울 예술의전당 오페라하우스에서 금난새가 지휘하는 유라시안필하모닉오케스트라와 협연을 했다. 2011년 1월에는 KBS1TV 〈강연 100℃〉에 출연해 '숨'을 주제로 강연을 했고, 에세이집 「나는 지금이 좋다」(터치북스)는 책도 냈다. 세종문화회관 대극장에서 〈KBS 교향악단과 Soul Player가 함께하는 제10회 오케스트라의 신바람〉 공연에 바리톤 김동주와 한 무대에 섰던 공연이 기억에 남는다.

그리고 2018년 평창동계올림픽 노래인 〈평창의 꿈〉을

불러 많은 사람들에게 평창동계올림픽과 함께 개최되는 평창동계패럴림픽을 알리는 역할을 하였다. 녹음은 가수 니모와 함께했고, 무대에 설 때는 뮤지컬 배우 김소연과 노래를 부르는 등 평창동계올림픽을 위해 바쁘게 달렸다.

"노숙자 분들 앞에서 노래를 불렀는데, 공연을 마치자 한 노숙자께서 올라와 제 손에 빵을 쥐어 주시며 '다시 한 번 살아 보겠다.'고 눈물을 흘리시는 거예요. 가슴이 뭉클했죠. 그때 알았어요. 제 노래가 희망을 줄 수 있다는 것을…."

그래서 그는 희망전도사로 많은 사람들에게 희망을 주는 삶을 살기 위해 계속 노래를 부르기로 하였다.

"가끔 건강했던 시절로 돌아가고 싶지 않느냐는 질문을 받아요. 그때마다 전 '지금이 좋다!'고 하지요. 사고를 통해 삶의 중요성을 깨닫고 절망에 빠진 사람들에게 희망을 줄 수 있는 삶을 사는 전 정말 행복한 사람이예요."

그의 자서전 제목 「나는 지금이 좋다」는 바로 이런 맥락에서 나온 것이다.

"내 책을 사서 읽지 않더라도 서점에 있는 책 표지를 보고 '나는 지금이 좋은가'라고 자기를 돌아볼 수 있는 시간을 갖는다면 그것으로 만족합니다."

박사학위를 받고

그는 다치고 나서 5년 동안은 몸을 추스르는 것도 힘들어 마음을 다잡는데 보냈다. 그런 치유의 시간을 보내고 복학을 결심했다.

경수 손상으로 인한 사지마비는 폐활량이 적어서 성악을 할 수 없으니 사회복지로 전공을 바꾸라는 권유를 하는 분들이 많았지만 그는 중학교부터 꿈꾸던 성악을 포기하지 않았다. 국립목포대학교 음악과는 전공과 부전공이 있었는데 입만 움직일 수 있는 상태에서는 성악 외에는 아무것도 할 수 없었다. 다치기 전에는 피아노를 비롯해서 여러 가지 악기를 다룰 줄 알았지만 손가락에 힘이 없어서 악기는 무용지물이 되었다. 그래서 부전공을 지휘로 하였는데 그 덕에 합창단에서 지휘자 역할을 할 수 있었다.

졸업 후 바로 대학원에 진학하였다. 공부 외에는 딱히 선택의 여지가 없었다. 그리고 '바퀴 달린 성악가'라는 콘셉트로 성악가로서의 활동을 시작하였다.

공연 무대가 많지 않았지만 관객들의 반응은 뜨거웠다. 활동을 하며 장애인예술에 대한 관심이 생기기 시작하였다.

그래서 제대로 공부하고 싶어 2016년 경희대학교 일반대학원 공연예술학과 예술경영 박사과정에 입학하였다.

박사과정 공부는 어렵기도 하지만 체력 소모가 많아서 힘이 들었지만 힘든 척하지 않으려고 결석하지 않고 성실히 수업에 임하자는 목표를 세웠다. 학교에서 많은 시간을 보내면서 원우들과 가깝게 지내다 보니 원우회장으로 선출되었다. 회장 임기 동안 다양한 활동으로 교수들과 동료 및 선·후배로부터 찬사를 받기도 했다. 중증장애인이 원우회 회장이 된 것은 학교 개교 후 처음이었는데 아주 성공적으로 임기를 마칠 수 있었다.

2019년 2월 19일 경희대학교 평화의전당에서 열린 '2019학년도 전기 학위수여식'에서 공연예술학과 박사학위를 취득했다.

그의 박사학위논문은 '장애인의 문화예술 활동이 지각된 가치와 삶의 긍정적 가치에 미치는 영향에 대한 연구'로 장애예술인의 삶의 가치를 밝혀낸 것이다. 예술 경험이 장애인의 삶의 질을 향상시켜 준다는 것을 증명함으로써 장애인예술의 가치를 높여 주었다.

이남현은 '앞으로 장애인 문화예술을 위해 작더라도 도움이 되는

일을 했으면 좋겠다.'며 장애인예술 발전에 기여하겠다는 포부를 밝혔다.

(『E美지』 Vol 17, 2020년 가을호)

이남현

경희대학교대학원 공연예술학과 박사
국립목포대학교 음악과 학사 및 석사
Italy Accademia di roma Diploma
Austria Wien Musik Meisterkurs Diplom
(Universitaet fuer Musik und darstellende Kunst Wien)

New York UN본부 신탁통치회의장 초청공연
New York Carnegie Hall World Choral 초청공연
Consulate General of Korea in New York 초청공연
Jakarta Intercultural School 초청공연
ACS Jakarta 초빙강의 및 공연
Austria Korea Kulturhaus Österreich 초청공연
Consulate General of Korea in Russia 초청공연
2018 평창동계올림픽 엠블럼 선포식 공연
2018 평창동계패럴림픽 OPENING CEREMONY 공연
2018 평창동계문화올림픽 공연
국제장애인기능올림픽 축하공연
전국장애인체육대회 개회식 공연
경기도 장애인 합창대회 축하공연
A+ Festival 공연
수원시립합창단 음악회 초청공연
자선기금마련 '아름다운 만남&동행'
기적을 노래하는 바퀴 달린 성악가 이남현 '희망다리 콘서트'(전국 투어)
KBS Symphony Orchestra 및 New World Philharmonic Orchestra 외 국내외 유수의 오케스트라와 다수 협연 등 미국, 유럽, 아시아 국내외 공연 등 다수

음반 〈기적을 노래하는 바퀴 달린 성악가 이남현〉 Vol.1
〈THE PRESENT 성악가 이남현〉 Vol.2
〈하나님의 선물(Digital Single)〉
저서 「나는 지금이 좋다」

14

세계 유일한 핸디래퍼

김지연

"오랜 기간 댄서로 활동해 온 저는 음악을 좋아했고, 춤추는 걸 즐거워했습니다. 안무가이자 뮤지컬 연출가 또 다르게는 핸디랩을 하는 예술가로서 서게 될 무대를 생각하면 가슴이 뛥니다.

핸드스피크를 통해 또 다른 꿈을 꾸는 저는 모두가 함께 어우러지는 뮤지컬, 그 뮤지컬이 세계를 누비는 그 어느 날을 꿈꾸며 많은 사람들이 문화 빈곤에서 벗어나 차별 없이 향유할 수 있기를 바랍니다."

농인이 춤을 추네

“농인이 춤을 추네?” 김지연이 가장 많이 들은 말이다.

점잖게 표현해서 농인이지 실제로 그렇게 표현하는 사람은 거의 없을 것이다. 음악이 안 들리는데 어떻게 리듬을 타면서 몸동작을 할 수 있는지 의아하다는 의미의 말이다. 그런데 김지연은 댄서이고 듣도 보도 못했을 핸디래퍼이다. 핸디래퍼란 수어 노래를 하듯 빠른 비트의 랩을 수어로 한다는 것이다. 그래서 그녀의 핸디랩 공연을 보는 관객들은 지루할 틈이 없고 눈길을 고정시켜 그녀의 핸디랩에 빠져든다.

김지연은 어릴 적부터 춤을 좋아했다. 무용 전공으로 대학에 입학했지만, 청인 중심인 수업에 좌절할 수밖에 없었다.

농인은 수어를 모국어로 사용하는 사람들로서 농문화를 공유하는 소수의 언어 집단을 말한다. 그래서 농인들은 청각장애인이란 법적 용어보다 농인이라는 용어를 더 선호한다. 그리고 2015년 한국수어법 제정으로 농인들의 언어 수화(手話)가 하나의 언어로 인정되었기에 수어(手語)라고 해야 한다.

농인은 소리를 보고 손으로 말하며, 손으로 노래한다. 그런데 사람들은 소리를 듣지 못하고 말도 못하며 노래를 부를 수 없다고 판단한다.

이런 편견 때문에 농인은 예술에서 배제되면서 문화 빈곤층이 되었다. 김지연은 안무가이자 뮤지컬 연출가로 활동하면서 농인들이 갖고 있는 예술성을 보아 왔기에 농인들도 즐길 수 있고 직접 참여할 수 있는 문화콘텐츠를 생산하는 소셜벤처 핸드스피크(handspeak)를 2018년 설립하였다. 기존의 청인 중심의 문화콘텐츠를 뛰어넘는 한계를 두지 않는 콘텐츠를 꾸준히 제작하는 것이 목표인데 이미 댄스클래스, 수어뮤지컬 등을 기획하여 성공시켰다.

너의 손이 빛나고 있어

2018년 12월 6일 KBS1TV 〈KBS스페셜〉에서 극단 난파의 창작수어뮤지컬 〈미세먼지〉 제작 과정을 다룬 다큐멘터리이다. 보통 다큐가 장애를 극복하는 과정을 보여 줌으로써 감동을 자아내는 것이 기획의도였다면 〈너의 손이 빛나고 있어〉는 청각장애를 이해시키면서 농인이 어떤 방식으로 자신을 표현하며 예술로 승화시키고 있는지를 소개하면서 그동안 농인에게 갖고 있던 인식이 편견이었음을 스스로 깨우치게 하는 방송이었다.

소리를 거의 들을 수 없는 농인 김지연은 춤, 뮤지컬, 랩 등 수어(手語) 예술에 끊임없이 도전하고 있다. 하지만 농인에게 음악은 쉬웠던 적이 없기에 그의 도전은 항상 험난했다. 비장애인보다 훨씬 많은 연습을 해도 실수를 피해 가기란 어렵다.

그런데 그녀가 이렇게 어려운 길을 가는 이유는 다양한 농문화가 가능하다는 걸 알리고 농인들의 문화 소외를 없애기 위해서이다.

손으로 세계를 만나다

핸드스피크는 지난 7월에 프랑스에서 열린 세계농축제(Clin d' Oeil)에 참가하였다. 세계농축제는 전 세계의 농인 예술인들이 모이는 축제로 농인 댄서, 배우, DJ, 코미디언 등 다양한 장르에서 기량을 뽐내는 공연이 펼쳐진다. 농축제는 축제하면 떠오르는 떠들썩한 '소리' 중심의 축제가 아니었다. 김지연은 음악의 비트를 완전히 무시하고, 농인들이 각자의 방식대로 자유롭게 춤을 추는 광경이 부러웠다.

아쉽게도 미국이나 유럽 등에서 온 참가자는 많았지만, 일본이나 중국을 제외한 아시아 국가의 참가자 수는 저조했다. 한국의 농인들도 이곳에서 예술을 표현할 수 있었으면 얼마나 좋았을까 싶었다.

결과로 말한다

한국장애인문화협회가 지난 6월 28일 홍익대 대학로 아트센터 소극장에서 "GKL과 함께하는 제14회 나눔연극제" 시상식을 진행했다. 대상을 비롯해 최우수상, 우수상, 연출상, 극본상, 남녀연기상, 무대예술상 총 8개 부문의 시상이 이루어졌는데 대상은 창작 수어뮤지컬 〈미세먼지〉의 핸드스피크, 연출상은 핸드스피크의 김지연 연출가가 수상하여 2관왕이 되었다.

그리고 지난 8월 23일 사단법인 한국장애인문화예술단체총연합회 주최 제7회 대한민국장애인예술경연대회 스페셜K에서 활발한 예술 활동을 펼친 만 40세 미만의 장애예술인에게 수여하는 '스페셜K Young

Artist' 특별상도 김지연에게 돌아갔다.

수상자 공연에서 김지연은 찬란했던 20대를 마치고, 여전히 사랑과 직장에 대한 어려움을 겪고 있는 청춘을 주제로 한 '30살 청년'이라는 무대를 선보였는데 혼자서 꾸미는 무대이지만 청년의 현실을 춤과 핸디랩 그리고 연기로 표현하여 관객들을 홀릭시켰다. 청각장애가 더 풍부한 예술로 드러날 수 있다는 것에 모두가 공감하는 순간이었다.

국내 유일한 창작수어뮤지컬 매진 행렬

출연진 전원 12명의 청각장애인 배우들과 전문 연극배우들이 음성통역으로 함께 공연하는 창작 수어뮤지컬 〈미세먼지〉가 11월 7일부터 10일까지 대학로 유니플렉스 2관에서 막을 올린다.

시립서대문농아인복지관에서 문화예술 분야에 재능이 있는 청각장애 청년들로 구성된 극단 난파를 운영해 왔다. 난파는 수어로 '나는(난) 할 수 있다(파)'는 뜻으로 2009년부터 매해 수어로 진행하는 새로운 형식의 공연을 선보이며 국내 유일한 수어뮤지컬로 자리매김했다. 올해로 10주년을 맞은 난파는 농문화예술 활동을 전문으로 하는 핸드스피크와 협업하여 극본, 무대, 음악, 조명 등 제작에 심혈을 기울여 최고의 완성도로 기대감을 높이고 있다.

이번 공연에서는 현재 심각한 사회문제가 되고 있는 미세먼지를 소재로 하여 누구나 공감할 수 있으며, 미래의 2050년 서울을 배경으로 미세먼지로 발생되는 갈등, 권력, 평등, 사랑 등 다양한 요소들이 작품 속에 담겨 새롭고 신선한 감동을 선사한다.

지난해에는 극단 난파를 통해 무대에 올려졌었는데 올해 두 번째 연출을 맡은 김지연은 '작년 공연이 재밌었다면, 올해 공연은 무게감이 있다. 수어뮤지컬을 통해 농인들도 다양하게 창작 활동을 할 수 있다는 것을 보여 주고, 앞으로 더 많은 사람들에게 사랑받을 수 있도록 하고 싶다.'는 연출 소감을 밝혔다.

(『E美지』 Vol 14, 2019년 겨울호)

김지연

서울예술종합학교 무용학과 졸업
뮤지컬 연출가
핸드스피크 소속 아티스트

2016 일본 ASIA DEAF DANCE PRe FESTIVAL 한국대표 초청공연
2017 홍콩 '능력자들의 무대' 한국대표 초청공연
2017 극단 난파 제9회 〈난파클럽〉 연출
2018 극단 난파 제10회 〈미세먼지〉 연출
2019 제23회 전국농아인대회 제주시 공연
2019 핸드스피크 극단 제1기 정기공연 〈미세먼지〉 연출 및 배우

15

시각장애로 새로운 화풍을 만든 화가 **박환**

그림쟁이

박환은 대학에서 미술을 전공하지도 않았고 정식으로 그림을 배우지도 않았다. 타고난 재능이 있어 고등학교를 졸업한 후 용돈을 벌기 위해 그림을 그렸고, 군 복무를 마친 후로는 생활하기 위해 붓을 잡았다. 그는 1982년 제1회 대한민국미술대전에 출품해 입선을 했다. 첫 도전치고는 큰 수확이었다. 그 후 네 번 더 출품해 네 번 입선했다.

"먹고살기 위해 상업적인 한국화를 그렸어요. 당시 60호 크기(130.3×89.4㎝) 한 점에 25만 원쯤 받았어요. 하루 이틀이면 그렸지요. 작품이 아니라 상품이었어요. 그런 세월을 10년쯤 하니 싫증이 났어요. 나를 표현하고 사람들에게 공감을 얻는 작품을 그려 보고 싶었어요."

그래서 그는 25년 동안 동양화를 그리다가 2006년 서양화로 전환하였고, 7년 동안 칩거하며 새로운 표현 기법을 모색했다. 썩은 나무껍질이나 베니어판 조각을 붙이고 그 위에 물감을 덧칠해 질감과 입체감을 살리는 방식이었다. 그렇게 미친 듯이 그린 작품들로 2012년 서울 인사동 화랑에서 '꿈꾸는 리얼리스트'라는 제목으로 첫 개인전을 열었다.

'누추한 집들이 다닥다닥 붙어 있는 달동네의 가파른 계단길이며, 옹벽이며, 화장실이며, 전신주에 붙어 있는 간판이며, 길갓집의 불 켜진 작은 창문이며… 달동네를 통해서 어둠 속 한 줄기 희망의 빛을 그리고 가난과 궁핍으로 인한 열악한 환경 속에서도 사람의 따뜻한 정을 그리며 암울한 과거 속에서 미래의 희망을 그린 화가!'라고 언론에서 극찬을 하였다.

이듬해인 2013년 10월 코엑스에서 열린 한국국제아트페어(KIAF)에 초청됐다. 세계적인 작가들의 작품들 가운데 그의 작품이 호평을 받았다. "제 그림이 비싼 가격에 다 팔리기를 원했어요. 하지만 몇 작품만 흥정이 오갔고 가격을 낮춰 달라는 말을 들었어요. 그동안 내가 얼마나 노력했는데 나를 평가하는 게 이 정도냐. 오기가 생겨 하나도 안 팔았어요. 돌아보면 그때가 가장 화가다웠어요."

화가에게 치명적인 운명

한국국제아트페어를 마치고 3주 후 교통사고가 났다. 개성 있는 화가로 인정을 받고 한창 활동할 시기에 화가로서 치명적인 운명과 마주해야 했다.

2013년 10월, 교통사고 당시 조수석에 탔던 그는 술에 취해 잠들어 있었다. 차는 내리막길에서 앞선 트럭을 들이받았다. 차의 운전석은 멀쩡하고 조수석만 깔아뭉개졌다. 성냥갑처럼 찌그러진 차를 절단해 그를 꺼냈다. 머리를 크게 다쳐 얼굴이 피범벅이 되어 형체를 알아볼 수 없었다. 얼굴 뼈가 산산조각이 났고 머릿속 뇌가 흩트러져 머리통이 외계인처럼 부풀어져 있었다. 의사는 최악의 경우 식물인간이 될 수 있다는 참혹한 진단을 해 주었다.

수술은 잘 되었지만 손상이 심했던 얼굴 왼쪽 부분은 회복되지 않았다. 그래서 왼쪽 귀가 안 들리고, 입은 벌어지지 않고, 혀 역시 감각이 없었다. 그래서 발음이 어눌해졌고 음식맛은 거의 식별할 수 없게 되었다. 그래도 사는데는 지장이 없었다. 문제는 눈이었다. 왼쪽 눈의 시신경이 끊어졌고, 오른쪽 시력은 절반쯤 있었지만 그것도 오래가지 못하고 어둠 속에 갇히고 말았다. 눈은 화가의 생명이라서 그는 살았어도 죽은 것과 다름 없었다.

시각장애 1등급. 빛에도 전혀 반응을 보이지 않는 전맹이다. 그는 아무것도 할 수 없어서 소파에 하루 종일 앉아 있다가 현실을 받아들이지 못해 소리를 지르며 죽어야 한다고 난리를 쳤다.

부인이 떠난 후 그의 곁을 지킨 사람은 여동생이었다. 그녀는 스케치북과 연필을 오빠에게 주며 이름을 써 보라고 하였다. 그는 '안 보이는데 어떻게 쓰라는 거야.'라며 화를 냈다. '그럼 줄이라도 그어 봐.' 마지못해 연필을 쥐어 선을 그리고 동그라미, 삼각형, 사각형, 별 등의 모양을 만들어 갔다. 처음에는 비뚤비뚤하고 모형이 겹쳤지만 동생은 잘한다고 칭찬해 주었다. 연필을 잡고 스케치북에 형상을 만들어 내는 오빠의 모습이 평안해 보이는 것을 보고, 동생은 오빠 박환을 다시 화가의 자리에 앉혀야겠다는 결심을 하였다.

눈감고 그림 그리기

그때부터 오누이는 안 보이는 상태에서 그림을 그릴 수 있는 방법을 찾기 시작했다. 영원히 그 방법을 찾을 수 없다는 생각이 들 정도로 실패가 이어져 나갔다. 하지만 포기하지 않았다. 포기하면 살아야 할 의미가 없어지기 때문이다. 그러다 박환이 생각해 낸 것이 바로 끈이었다.

머릿속으로 구도를 잡고, 캔버스 위의 밑그림을 연필이 아닌 나일론 끈을 잘라 붙이고 경계점마다 핀을 꽂아 가며 경계선을 만들었다. 선의 굵기에 따라 끈의 굵기를 맞췄다. 스케치는 이런 방식으로 한다 해

작업 모습

도 채색이 문제였다. 또 골똘히 연구한 끝에 방법을 찾았다. 캔버스에 구도를 잡으면서 어디에 어떤 색상을 집어넣을까를 기억했다. 그리고 그는 붓이 아닌 오른쪽 집게손가락에 물감을 묻혀 색을 만들어 갔다.

"붓보다는 손가락 감촉이 더 정확하니까요. 원하는 색상을 내려면 물감을 섞어야 하는 경우가 많은데 어떤 물감끼리 섞어 어떤 색이 나왔다는 걸 떠올리려고 애쓰지요. 보이지 않으니 과연 그 색상이 정확하게 나왔는지는 알 수 없어요. 간혹 실수로 완전히 엉뚱한 색을 칠할 때도 있어요."

그가 주문하는 대로 끈을 잘라 주고 물감을 쥐여 주는 것은 동생의 몫이었다. 비록 예전처럼 자유롭게 그림을 그릴 수는 없었지만 조력자가 있으면 그림을 그릴 수 있었다. 처음 시작이 힘들었지 하다 보니 좋은 방법을 계속 찾아 발전시킬 수 있었다.

끈이 너무 투박해서 세밀한 부분을 표현할 수 없는 단점을 보완하기 위해 좀 더 부드러운 실을 사용하게 되었다. 실을 손으로 만져 가며 그 촉감으로 그림의 윤곽을 이해하고 입체감을 주기 위해 천을 붙이고, 그 위에 흙을 발라 두터운 입체감을 살리고 색을 발라 표현한다.

채색도 혼자서 할 수 있는 방법을 고안해 냈다. 물감을 덜어 쓰는 파레트 대신 큰 쟁반에 칸을 만들어서 순서대로 물감을 짜놓는 것이다. 첫 번째 칸은 빨강 두 번째 칸은 주황 하는 식으로 색깔의 순서를 외워서 채색을 한다. 그림을 그려서 어떻게 하겠다는 목적 없이 그저 그림을 그리지 않으면 죽을 것 같아서 그린 작품이 한 점 두 점 쌓여서 20점이 되었다.

실명 후 첫 전시회

그의 그림을 보고 간 지인이 여러 갤러리에 소개를 했지만 그 어느 곳에서도 관심을 보이지 않았었는데 어느 날 갤러리 쿱에서 전화가 왔다. 그림을 한번 보여 달라는 것이었다. 이메일로 보낸 그림을 보고 춘천으로 그를 만나러 왔다. 개인전을 열어 주겠다는 것이다. 그래서 '눈을 감고 세상을 보다-박환 특별전'이란 타이틀로 2017년 1월 19일부터 31일까지 갤러리 쿱에서 시각장애 화가 박환을 세상에 알렸다. 실명 전 작품 3점과 실명 후 작품 17점 모두 20점을 전시하였는데 오픈식에 예

사고 후 전시

상치 못했던 분들이 많이 찾아와 주어 '안 보이는데 어떻게 이렇게 그릴 수 있느냐.'며 눈물을 흘리는 사람도 있었다.

박환의 스토리를 알게 된 사람들이 하나같이 하는 이야기가 희망을 얻고 간다는 것이었다. 박환은 그 말이 이해가 되지 않았다. 자기가 어떻게 희망을 줄 수 있다는 것인지 알 수 없었다. 하지만 이제는 그 말의 뜻을 알기에 더욱 열심히 그림을 그려야겠다고 다짐한다. 박환은 실명 후 가진 첫 개인전을 통해 자신심을 얻을 수 있었다.

화가로 살자

수천 개의 점을 찍어야 그림이 완성된다면 그는 캔버스에 찍힌 그 수천 개의 점을 다 기억하며 그림을 그리기 때문에 초집중을 해야 한다. 그렇게 집중을 할 때 그는 안 보인다는 생각을 하지 않는다. 자신의 그림을 머릿속에서 보고 있는 것이다.

실명한 지 5년이 지나자 모든 형상이 흑백으로 떠오른다. 하지만 그림을 그리기 위해 떠올리는 형상은 신기하게 색깔이 있다. 실명 후 지금까지 그린 그림 30여 점이 된다. 주로 풍경화이다. 그런데 그의 작품을 본 미술계 지인들이 깜짝 놀란다. 실명 전 그림은 사회성이 짙고 어두운 우리의 삶을 표현했는데, 막상 어둠 속에서 그린 그림에는 잎이 무성한 나무와 붉은색 지붕, 알록달록한 꽃들이 만발하여 밝고 화사해졌기 때문이다. 아마도 밝고 평온한 세상에 살고 싶은 작가의 소망이 표현된 듯하다. 시각장애를 갖게 된 후 그림을 그린다는 것이 알려지면서 '저런 사람도 사는데.' 하며 희망을 갖게 되었다는 사람들에게 밝은 희망을 선물해 주고 싶어서인지도 모른다.

실명 전후 그림을 그리는데 달라진 점이 있다면

작품을 완성하는데 시간이 많이 걸리겠다고 생각하지만 큰 차이가 없습니다. 지금은 오로지 작품에만 몰두해서 그런지 시간이 더 단축되기도 하죠. 달라진 것이 있다면 실명 전에는 그림을 완성하고 나서 어디가 내 맘에 안 드는지 찾아서 고쳐야겠다는 생각으로 그림을 찬찬히 살펴보았는데, 실명 후에는 확인할 수가 없으니까 답답합니다. 그래서 작품을 대중 앞에 내놓기가 두렵고 더 완성도를 높이지 못해 아쉽습니다.

앞으로도 작품 활동을 계속할 텐데 어떤 지원이 필요한가

예전에는 작업실에서 그림을 그렸는데 실명 후 작업실을 정리하고 집에서 그림을 그리다 보니 공간이 무척 비좁아 작업하는데 어려움이 많습니다. 조그만 작업실이 있어서 그림에 몰두할 수 있었으면 해요.

예전처럼 내가 그림을 들고 그림 애호가들을 찾아다닐 수 없어서 열심히 그린 그림이 애물단지가 되고 있어요. 작품을 판매할 수 있는 채널이 필요합니다. 판매가 안 되는 상태에서 그림을 그리자니 물감 등 작업에 필요한 기초 비용이 없어서 그리고 싶은 그림을 마음대로 그리지 못하죠. 안정적으로 창작 활동을 할 수 있도록 정부에서 장애예술인들을 지원해 주었으면 좋겠어요.

그리고 그림을 좀 아는 사람이 활동보조서비스를 해 주면 훨씬 편하게 작업을 할 수 있을 듯해요. 요구가 너무 많은가요.

어떤 화가로 남고 싶은가

앞으로 나의 꿈은 내가 내 장애에 쓰러지지 않고 더욱더 깊이 작품에 매진하여 좋은 작품을 남기고 싶습니다. 그리고 단 한 사람이라도 좋으니 내 그림을 통해 마음의 위로를 받고 희망을 찾았으면 합니다.

나는 안 보여도 화가로 살아야 하고 사람들이 화가로 인정해 주었으면 합니다.

(『E美지』 Vol 8, 2018년 여름호)

박환

2013 사고로 시력을 잃음
2014 다시 그림 시작

대한민국미술대전 입선 5회(1, 3, 11, 14회 국립현대미술관)
제6회 후소회 공모전 동상(시립미술관)
제1회 풍경화 공모전 금상(한국관광공사)

2014 SBS 〈세상에 이런 일이〉 '마음으로 그리는 시각장애인 화가'
2015 조선일보 〈최보식이 만난 사람〉
2017 강원일보, 강원도민일보 인터뷰/강원MBC뉴스, YTN뉴스/헤럴드경제신문 〈앞이 보이지 않는 화가, 박환〉/MBC라디오 〈신동호의 시선집중〉 인터뷰/KBS제3라디오 〈심준구의 세상보기〉 인터뷰

1998 문화예술진흥원 초대전(미술회관), 현대한국화협회전(동아일보사), 한 · 중 교류전(중국역사박물관)
2012~2013 〈빈자(貧者)에게 바치는 헌사〉 개인전, 인사아트센터/춘천MBC 힘 있는 강원전 단체전, 춘천국립박물관/아트 인 강원 단체전, 춘천문화예술회관/KIAF(한국국제아트페어) 참가, 코엑스

개인전 〈눈을 감고 세상을 보다 박환 특별전〉(갤러리 큡, 2017)

16

심청가 부르는
최예나에게 심청이가 보인다

미숙아의 운명

울산 중구 약사동에 위치한 특수학교인 울산혜인학교에 최예나라는 학생이 있다. 고등부 1학년으로 우리나라 나이로 올해 17세(2004년생)가 되었다. 그녀는 판소리 명창이 되는 꿈을 갖고 그 목표를 향해 한 발 한 발 내딛고 있다.

예나는 일곱 달 만에 태어난 칠삭둥이로 몸무게 1.68kg의 미숙아였다. 아이를 살려야 한다는 생각밖에 없었던 어린 부모는 미숙아에게 발생될 수 있는 문제들에 대해서는 아랑곳하지 않고 특수 인큐베이터

어린 시절

피아노 치는 모습

에서 아기의 몸무게가 정상이 되기만을 고대하고 있었다.

열흘 정도 지났을 때 의사가 아기의 상태에 대해 이런저런 얘기를 해 주다가 시각장애가 있다는 말도 해 주었지만 생명에 지장이 없다는 말로 그 밖의 다른 것들은 큰 문제가 되지 않았다.

하지만 시각장애에 대해 너무도 모르고 있었기 때문에 엄마(정화심)는 아이를 어떻게 키워야 할지 두렵고 무서웠다. 처음에는 책도 찾아보았지만 시각장애인 당사자에게 물어보는 것이 가장 명확할 것 같아서 시각장애인복지관으로 이미용 봉사를 나가게 되었다.

미용사였던 엄마는 예나가 태어나기 전에도 이미용 봉사 활동을 했었지만 예나 때문에 매월 첫째 주 월요일 복지

사사를 받으며

장구 치는 모습

스페셜K 대상

관 봉사활동에 열심이었다. 그곳에서 많은 정보도 얻었고 무엇보다 희망이 생겼다.

판소리와 만나다

빛이 무엇인지조차 모르는 예나는 모든 생활을 소리에 의존하다 보니 자연히 청력이 발달했다. 일반 어린이집에 다닐 때 외부 강사가 와서 장구를 가르쳐 주었는데 예나가 제일 잘 따라했다고 칭찬해 주었다.

7세 때부터는 노래를 듣고 그냥 피아노를 치는 수준으로 피아노를 쳤는데 초등학교 2~3학년에 피아노학원을 보냈더니 실력이 늘어 학원에서 출전하는 피아노대회에 나가서 1등을 하였다.

학교 특별활동 시간에 오는 외부 강사들도 예나에게 음악적 재능이 있다고 악기를 배우라는 권유를 하였지만 엄마는 예나의 미래를 위해서는 예나가 공부를 해서 특수학교 교사가 되면 스스로 살아갈 수 있을 것이란 생각에 선생님들의 말씀을 귀담아 듣지 않았다.

그러다 초등학교 3학년 때 온 외부 강사는 판소리 전공자였는데 예나가 판소리에 재능이 있다고 판소리 배우기를 강권하였다. 엄마는 역시 거절하였지만 교장 선생님의 전화를 받고 외부 강사 선생님을 만나게 되었다.

외부 강사는 자신이 학원을 운영하고 있으며 수업료는 받지 않을 테니 예나를 한번 가르쳐 보고 싶다 하였다. 그렇게 진심으로 권하였지만 바로 선생님 학원에 가지 않았다. 판소리가 예나의 미래를 위해 꼭 필요한 일이라는 확신이 들지 않았기 때문이었다.

엄마는 예나가 사회에 나가서 비장애인들과 함께 살아가기 위해서는 혼자서도 잘 걸어 다닐 수 있는 훈련이 필요하다 생각하여 주민센터에서 운영하는 초등학생 발레교실에 예나를 보냈다. 시각장애로 평형감각이 부족한데 발레가 도움이 될 것 같았기 때문이다.

그런데 예나가 발을 접질려 발레를 할 수 없게 되었다. 엄마는 그때 판소리를 떠올렸다. 학원에 가서 일단 판소리를 배워 보고 계속할 것인지 아닌지의 선택은 예나가 결정하기로 하였는데 예나가 판소리를 너무도 좋아하였다. 판소리의 소리(창)는 물론 몇 장이나 되는 말(아니리)을 아주 쉽게 외우는 것을 보고 주위에서 놀라워하였다. 그때가 초등학교 4학년, 예나가 겨우 열 살이었다.

소리꾼이 되기 위해

판소리를 제대로 배우려면 일대일 개인 사사를 받아야 하기에 스승을 찾아야 했다. 복지관에서 부산에 있는 국립 부산국악원을 찾아 주어 그곳 단원인 김미진 선생님을 스승으로 모시고 일주일에 한 번씩 울산에서 부산으로 오가며 판소리를 배웠다. 판소리는 발음이 정확해야 하고, 손짓과 몸짓이 곱고 아름다운 발림이 필요한데 세상을 본 적이 없는 예나로서는 선생님의 설명으로도 이해가 되지 않아 선생님의 손과 몸을 만져 보면서 익혔다.

문희경 교사가 담임이 된 5, 6학년 때 예나의 꿈은 구체화되었다. 문 교사는 판소리 명창이 되겠다는 예나의 꿈이 실현될 수 있도록 곁에서 물심양면 도와주었다. 예나는 실력을 인정받기 위해 판소리대회에 출전하여 평가받기로 하고 부지런히 대회를 쫓아다녔다. 2015년부터 대회에 출전하기 시작하였는데 2016년 제17회 공주박동진판소리명창/명고대회에 나가서 장원을 하였고, 지방 판소리대회의 대상을 싹쓸었다.

그리고 2018년 제6회 대한민국장애인예술경연대회 '스페셜K' 사상 최연소 나이인 15세(만 13세)에 대상(문화체육관광부장관상)을 차지했다. 60팀 155

명이 참여하여 경연을 펼쳤는데 심사위원뿐만 아니라 관객들 모두 그녀가 대상감이라 예상할 정도로 군계일학이었다.

2018년 대전TJB에서 주최한 제11회 전국장애학생음악콩쿠르에서는 종합 대상을 차지해 예나의 존재감이 빛나게 되었다.

예나는 글도 잘 써서 글짓기상도 많이 받았고, 나눔글짓기대회에서 교육부장관상을 수상하였다. 동백 국제콩쿠르에서 대상을 받을 정도로 피아노 연주 실력가이고, 가야금과 고법(북 반주)도 배우고 있다.

예나는 배우고 싶은 게 너무도 많아 교육비가 제일 많이 든다. 다양한 교육이 예나의 판소리 공부에 도움이 되기 때문이다. 예나는 홍보가를 완창하고 심청가는 오는 5월에 완창이 된다.

예나가 워낙 작다 보니 대회에 나가려면 한복을 맞춰야 하고, 고수와 함께 출전을 해야 해서 고수 사례비도 필요하다. 다행히 엄마가 미용 기술이 있어 머리와 화장은 엄마가 해 주고 있다. 공연 요청이 들어와도 엄마는 선뜻 길을 떠나지 못한다. 이동에 소요되는 비용이 출연료보다 더 들곤 하기 때문이다. 개인 콘서트는 엄두도 내지 못한다. 대관부터 팸플릿 인쇄 등 비용이 만만치 않아 지금으로서는 실력을 키우는 일에만 전념하고 있다.

자기가 하고 싶은 것을 즐기면서 하기 때문에 예나는 행복하다. 그래서 항상 웃는다. 엄마는 힘들더라도 예나는 마냥 즐겁다. 판소리 〈심청가〉 중 '심봉사 눈 뜨는 대목'을 부르는 최예나는 소리꾼으로서 대중을 압도한다. 대중이 그녀의 소리에 교감하는 것은 최예나에게서 심청이가 보이기 때문이다. 그 누구보다 최예나가 심청이 마음을 잘 이해하기 때문일 것이다.

소리꾼에게 시각장애는 단점이 아니다. 오히려 장점이 될 수 있다. 그래서 영화 〈서편제〉에서 송화를 진정한 소리꾼으로 만들기 위해 앞을 볼 수 없게 만든다.

최예나를 소리꾼으로 키우는 것을 개인의 노력이나 가족의 헌신에만 맡길 것이 아니라 우리 사회가 함께 소리꾼 최예나로 성장하도록 지원하며 응원해야 한다.

(『E美지』 Vol 15, 2020년 봄호)

최예나

2016 제23회 부산국악대전 차상, 제17회 공주박동진판소리명창명고대회 학생부 판소리 부문 장원 제6회 전국국악경연대회(부산예술대학교) 대상, 제5회 판소리명가 장월중선명창대회 최우수상

2017 제17회 울산시청소년국악경연대회 대상, 제20회 울산시전국국악경연대회 금상, 제5회 서천 전국국악경연대회 최우수상, 제11회 순천전국국악경연대회 대상, 제13회 전국판소리 수궁가 경창대회 우수상, 제6회 판소리 명가 장월중선 명창대회 우수상

2018 제18회 울산시 청소년국악경연대회 가창 부문 금상, 제4회 전국국악경연대회(김해예술제) 학생부 판소리 부문 최우수상, 제19회 공주박동진판소리명창명고대회 학생부 판소리 부문 우수상, 제20회 여수진남 전국국악경연대회 초중등부 최우수상, 제13회 황산벌 전국학생 일반 국악 경연대회 중등부 최우수상

2019 제13회 순천전국국악경연대회 고법 부문 학생부 최우수상, 제22회 전국국악경연대회 가창 부문 학생부 대상, 제10회 장수논개 전국판소리 경연대회 중등부 대상, 제15회 사천수궁가 전국 판소리/고법 경연대회 학생부 대상

1년 10회 이상 공연 출연 등

17

웹드라마작가 김뜰의 마법

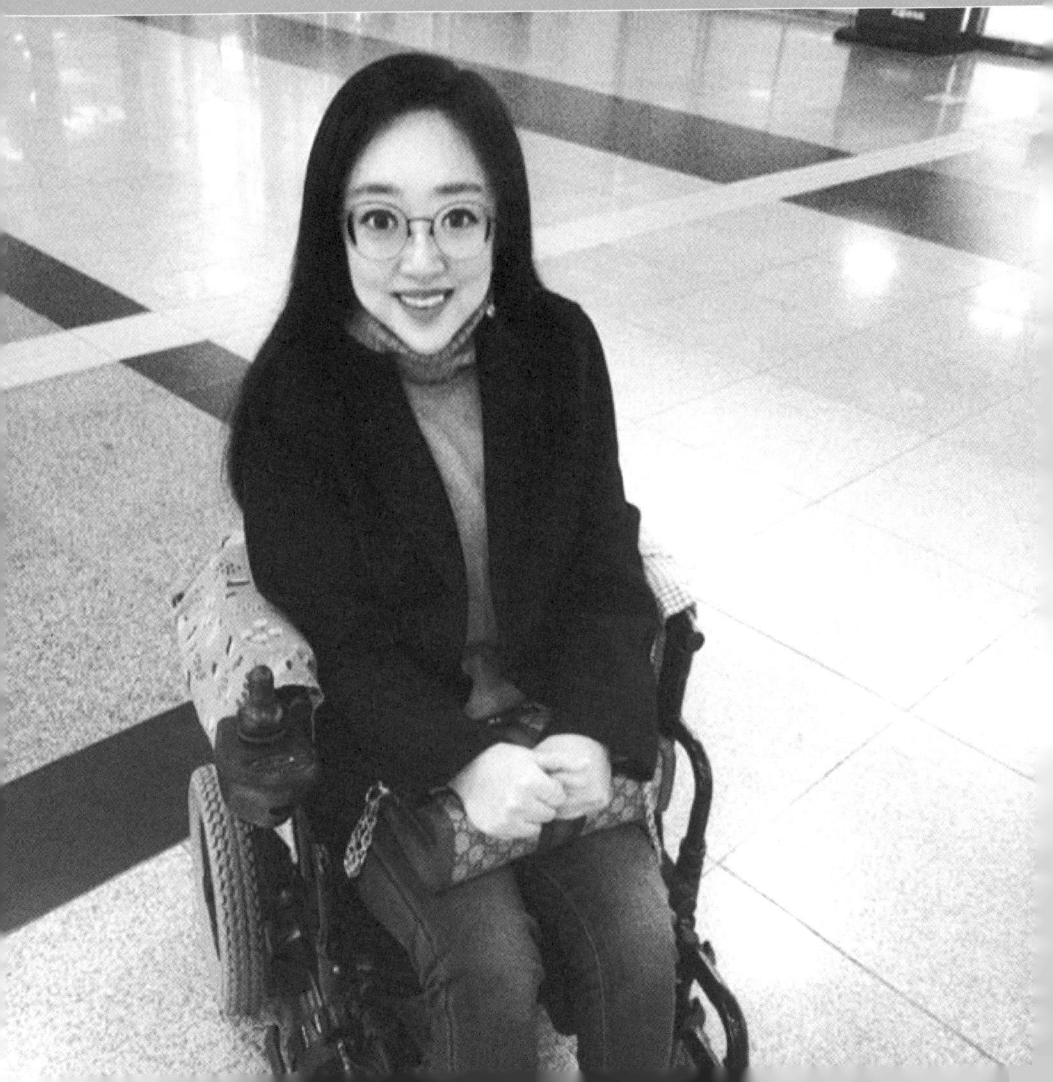

김민주로 살기

김민주는 뇌성마비로 장애가 심해서 열 살이 되어서야 학교에 갔다. 특수학교에 입학하였는데 뛰어난 학업성적을 보이며 일반학교로 진학하였다. 고등학생 시절 습작소설의 전국고등학생문예공모전 입선이 작가로서의 길로 접어들게 하였다.

그녀는 초등학교 4학년 철이 들면서부터 드라마작가가 되겠다는 꿈을 갖게 되었다. 드라마는 그녀에게 마법이 통하는 공간이었다. 사랑도 만들고 이별도 만들고, 성공도 실패도 만들고, 착한 사람을 구해 주고 나쁜 사람을 혼내 줄 수 있기 때문이다. 그래서 2005년 고려대 국문과에 입학한 후 문예창작학을 복수전공하였다.

에세이 「뛰어라 내 다리야 이 세상 끝까지」

대학 새내기 가을 에세이 「뛰어라 내 다리야 이 세상 끝까지」라는 책을 발간하였다. 이 책에서 그녀는 장애 때문에 생긴 에피소드를 재미있으면서도 깊이 있게 세상을 향해 날렸다.

– '나는 고장난 물건이 아니다. 단지 세잎 클로버가 많은 세상에서 조금 다른 몸을 가진 네잎 클로버이다.' 라고 자신을 규정한 후 인생관이 바뀌었다. –

그녀는 전동 휠체어를 시속 10㎞의 속도로 내달리며 스릴을 즐기는 터프걸이고, 뭐든지 해 보고 싶은 열정녀이며, 무거운 주제를 가볍게 받아넘기는 재치녀이다.

사춘기 때는 항상 누군가의 도움을 받아야 하는 자신이 정말 싫었지만 어느 날 '나=도움 받는 사람, 타인=도움 주는 사람'이라는 생각에서 벗어났다.

"저, 문 좀 열어 주시겠어요?" 하고 말을 거는 순간, 소통이 이루어지

동생과 함께

동생 결혼식

며, 장애는 더 이상 장애가 되지 않기에 사람들에게 도움을 청하는 일에 주저하거나 쑥스러워하지 않는다.

장애인에게 필요한 것은 자신감과 용기라며 '자신의 몸을 부끄럽게 여기지 말고 밖으로 나가라. 그리고 누군가 다가와 주기를 바라지 말고 스스로 다가가라. 많이 배우고 많이 익혀서 세상과 친해져야 한다. 그러면 이 세상에 장애인이란 없다.'고 했다.

김뜰의 작가 수습기

작가를 꿈꾸는 이들에게 열린 기회! 오펜은 CJ ENM이 드라마·영화 창작 생태계 활성화와 신인 작가 데뷔를 지원하는 사회공헌사업이다.

서울지방경찰청 현장 취재에 참여한 김뜰 작가와 오펜 2기 멤버들(2018년)

지난 2017년 출범한 이 든든한 지원군은 2020년까지 총 200억 원을 투자, 작가(Pen)를 꿈꾸는 이들에게 열려 있는(Open) 창작 공간과 데뷔 기회(Opportunity)를 제공한다. 특히 신인 창작자 육성 및 데뷔 지원사업으로 특화되어 있어, 작가 지망생들에게는 최고의 등용문이다.

김민주도 김뜰이란 예명으로 2018년 오펜(O'PEN) 2기 작가로 선정되어 작가의 꿈에 한 발짝 다가섰다.

처음엔 오펜이 신인 창작자들에게 뼈가 되고 살이 되는 공모전이라는 사실을 몰랐다. 1기 작가 활동을 작가 커뮤니티를 통해 알게 되었다. 창작지원금 및 200평 규모의 창작 공간/개인 집필실 제공, 국내 유수 연출자 멘토링, 전문가 특강, 대본 집필을 위한 교도소, 소방서, 국립과학수사연구소 등 현장 취재지원, 단막극 제작 및 편성 등 업계 진출을 위한 다양한 혜택이 군침을 돌게 했다.

2018년 오펜 2기에 바로 지원했다. 하드디스크에 잠자고 있던 작품 중 하나인 〈넌 괜찮니〉로 응모했다. 공모전 제출 작품이 부끄러울 정도로 당선 연락을 받은 후에도 기쁨과 부끄러움이 공존했지만, 완성도보다는 가능성에 초점을 맞춘 오펜에게 고마움을 느꼈다.

김뜰은 오펜 2기 활동을 하면서 자신의 작품 〈넌 괜찮니〉를 단막극으로 만들기 위해 노력했다. 비록 오펜 2기 20명 작가 작품 중 tvN 단막극 〈드라마 스테이지 2018〉로 선정된 10편에 들지 못했지만, 1년 동안 열심히 노력한 결과물로서 그에겐 의의가 남다르다.

〈넌 괜찮니〉는 휠체어 장애인 여고생의 성장 스토리이다. 12년 전 그녀가 대학교 때 썼던 이 작품은 실제 고등학교 시절에 경험하고 느꼈던 일들을 극으로 만든 것으로, 기존 드라마트루기(Dramaturgie)에 제대로 맞는 작품은 아니었지만, 주인공의 감정을 사실적으로 다룬 부분에 눈에 띈다. 어떤 직업이든 어떤 사람의 감정이 됐든, 사실 그대로의 이야기를 써야 시청자들도 알아준다는 오펜 센터장의 말에 힘을 얻었다.
드라마 〈라이브(Live)〉, 〈괜찮아, 사랑이야〉의 김규태 감독의 멘토링도 많은 도움이 되었다. 어두웠던 작품의 분위기를 밝게 가 보자는 조언을 비롯해, 너무 많이 보여 주려 했던 인물들의 관계도와 비중을 손봤고, 주제를 명확히 하고자 수정에 수정을 거듭했다.

이것이 오펜 과정 중 그녀에게 가장 도움이 되었다. 특정 직업군에 대한 취재가 필요할 때 적극적인 연결 및 지원 프로그램, 작가 계약 조건 검토 등 그녀가 받았던 많은 도움을 받으며 작가로 성장할 수 있었다.

웹드라마에 도전

오펜 과정을 순조롭게 마무리한 김뜰 작가에게 기회는 찾아왔다. 바로 웹드라마 〈딱 나 같은 딸〉이었다. 지난해 6월, 엄마와 딸의 이야기를 그린 웹드라마의 작가 구인을 본 그녀는 연출을 맡은 고낙균 감독에게 〈넌 괜찮니〉의 대본과 함께 지원 메일을 보냈다. 이후 감독에게 연락이 왔고, 같이 대본을 집필하며 드라마를 만들어 갔다.

광주콘텐츠코리아랩 지원작 〈딱 나 같은 딸〉은 이혼 후 워킹맘으로 살아가는 돌싱 엄마와 자신을 보살펴 주지 않은 엄마를 미워하는 고3 딸의 성장담을 그린 작품이다. 〈넌 괜찮니〉에서 엄마와 딸의 다툼과 화해를 그렸던 경험, 처음 도전하는 웹드라마였지만 단막극보다 짧은 분량이었다는 점은 자신감을 갖게 했다. 물론, 웹드라마의 호흡이 빠른 편이라 짧은 시간 안에 기승전결을 표현해야 하는 것, 매회 임팩트 있는 대사와 장면이 나와야 하는 것 등 시행착오를 겪긴 했지만, 연출을 맡은 고낙균 감독과 수정하면서 대본의 완성도를 높여 갔다.

드라마 〈딱 나같은 딸〉 스틸컷

드라마 크레디트

이 작품에서 작가가 담고 싶었던 건 서로 으르렁거리며 싸워도 누구보다 애틋하게 서로를 사랑하는 모녀 관계였다. 이를 잘 나타내는 대사가 바로 1편에서 나온 "아등바등 사는 것에 할퀴어 아이는 많이 아팠나 보다."다. 이혼 후 일만 하다가 아이를 잘 보살피지 못한 미안함에 내뱉는 엄마의 대사다. 이런 대사와 이야기는 작가 자신의 경험담에서 나왔다고.

작가의 꿈을 접고 공무원 시험이나 보라고 했지만 딸의 꿈을 위해 뒤에서 노력한 엄마와 이를 알지만 매번 신경질만 내던 자신의 모습을 투영했다고. 진짜 이야기를 써야 누구나 공감할 수 있다는 것을 이번 작품에서도 실천했다.

이번 웹드라마는 다양한 분야의 글을 쓰고 장르를 가리지 않고 쓸 수 있는 이야기꾼의 면모를 강화하고자 하는 계기를 만들어 주었다. 현재 그녀는 느와르 액션 영화 〈깡패들 시즌 2〉(가제)의 시나리오 계약을 맺고 집필 중이며, 지난해 12월에는 로맨스 소설 〈어쩌다 결혼 계약〉이 전자책으로 출간되었다. 〈딱 나 같은 딸〉 제작사인 고픽쳐스와도 다음 웹드라마를 기획하고 있으며, 다수의 작가 공모전을 위한 노력도 계속하고 있다.

진짜 이야기를 하고 싶다

그녀는 가짜가 아닌 진짜 이야기를 하고 싶은 마음이 크다. 그런 의미에서 장애인이 주인공인 이야기를 꼭 드라마화하고 싶은 생각을 하고 있다. 〈넌 괜찮니〉처럼 자신이 경험했던 일과 그때의 감정을 글로 표현했을 때의 힘을 느껴 봤던 당사자로서, 장애인들도 공감할 수 있는 이야기를 극으로 표현하고 싶다.

그녀의 장애가 작가가 되는 데 어려움이 있지 않을까 우려의 시선을 갖고 있는 사람들도 있다.

“아무래도 바깥 활동이 적다 보니 드라마 보기를 즐겼다. 그렇게 많은 드라마를 보다 보니 어느덧 내 머릿속에 이런저런 이야기가 생겨나기 시작했다. 집에만 있었을 아이가 무슨 이야기를 얼마나 다양하게 풀어낼 수 있을까 염려하는 사람들도 있겠지만 오히려 비장애인들보다 더 특이한 경험과 느낌들로 나름 파란만장한 인생을 살고 있다고 생각한다.”

작가로서 영역을 넓히고 있는 그녀는 지치고 힘들어도 자신이 만든 이야기로 더 넓은 세상과 소통할 수 있기에 다시 용기를 낸다. 바늘구멍보다 들어가기 힘든 게 작가의 길이라는 걸 알기에 실패를 두려워하지 않고, 노력도 게을리하지 않을 것이다.

“많은 이들이 제가 만든 이야기에 공감했다는 소리를 들으면 너무 행복해요. 앞으로 더 큰 행복을 위해 작가의 길을 계속 걸어가고 싶어요. 마흔 전까지는 꼭 TV드라마 작가로 데뷔하겠죠!”

키보드가 나무인 이유는

키보드가 나무인 이유는 제가 원목에 대한 호감도가 많은 편이라 키보드도 나무였으면 좋겠다 했는데 마침 제작하는 곳이 있어서 거금을 들여 구입했습니다.

나무 키보드

민주낭자

〈어쩌다 결혼 계약〉은 19금 소설인데 언제 구상한 것인지

〈어쩌다 결혼 계약〉 구상 시점은 작년 6월쯤 웹소설 의뢰가 들어왔는데 19금 소설이 더 잘 팔린다고 하여 자본주의의 노예가 되는 심정으로 집필하게 됐습니다.

어떤 내용인지

내용은 대기업 총수 공개 입양아 아들이 스타 유튜버와 하룻밤을 보내고 언론에 알려지는 바람에 계약 결혼을 하게 되고 결혼 후에 연애감정이 싹터 사랑을 하고 성장해 가는 두 모태솔로 남녀의 이야기입니다.

저자 이름을 민주낭자로 한 이유는

어릴 때 드라마 〈허준〉을 보던 시절 이메일 주소를 처음 만들게 됐는데 예진아씨가 너무 예뻐서 민주아씨로 하려다가 아씨가 좀 욕 같아서 어머니가 추천해 준 낭자로 했었는데 그게 제 닉네임이 됐어요. 닉네임을 웹소설 필명으로 정했습니다.

장애인 주인공 드라마를 꼭 쓰고 싶은 이유는

제가 장애인이다 보니 더 생생하고 정확하게 쓸 수 있을 것 같고, 매번 전형적으로만 나오는 장애인 캐릭터를 비틀어 좀 색다른 장애인들도 많다는 걸 알리고 싶어서입니다.

대구에서 서울을 오가며 작업을 하는 것이 힘들지 않은가

물론 힘들지만 꿈이 크니까 견딜 수 있는 것 같아요. 대구 장애인택시 나드리콜을 기다리는 일이 너무 힘들어 최근 카니발을 사서 슬로프 차량으로 개조했어요. 차만 생겨도 시간이 절약되어 너무 편합니다. 앞으로 돈을 더 벌어서 서울로 이사 가는 게 목표입니다.

시청자 입장에서 요즘 재미있게 보는 드라마는

tvN에서 하는 〈사랑의 불시착〉입니다. 제가 요즘 쓰고 있는 로맨틱코미디도 있고 해서 작업할 때 원동력 삼아 재미있게 보고 있습니다.

노트북 앞 좀비, 나는 작가다.

그렇다. 나는 망생이다. 드라마작가 지망생. 그것도 장장 15년 묵은 망생이.

수많은 공모전에 도전해 단 한 번 작은 상을 탔을 뿐 수많은 낙방을 맛봤다. 약간 돌아서 가는 길이라 생각해 영화판도 기웃거렸지만 내 이름을 걸고 개봉된 영화는 상영관 단 한 곳에 걸렸던 그 누구도 모르는 독립영화 한 편이 전부다. 소위 '영업'이라는 것을 뛰어서 드라마 관계자들에게 내 기획안과 대본을 읽히는 기회도 얻어 봤지만 그 기회는 데뷔로 이어지지 않았다. 하다 보면 기회가 있겠지 싶어 빨대 꽂히는 아이디어뱅크를 자처하고 시작한 기획작가 생활도 이 회사, 저 회사 메뚜기로 뛰며 많은 해를 넘기고 있었다.

정말 해볼 만큼 다 해봤다는 생각이 들어 벼랑 끝에 내몰린 심정이었다. 무슨 근거 없는 자신감인지는 모르지만 내가 분명 드라마작가가 되기는 될 텐데, 그러니까 그게 도대체 언제쯤인지가 궁금했다.

"오펜 공모전에 당선되셨습니다."

무려 12년 전에 썼던 작품으로 응모를 했는데 당선 연락을 받고 심히 의심했다. TV에 종종 나오는, 꿈을 좇다 자기 망상을 사실로 믿는 정신병에 걸린 이들처럼 내가 결국 그 지경까지 갔나 싶었다. 휴대폰에 녹음된 통화 내용을 듣고 또 듣고서야 안심했다. CJ ENM의 사회공헌사업이라더니 내가 휠체어 타는 장애인인 것을 알고 뽑았나 의심도 했지만 나의 장애 사실에 동공의 지진이 훤히 보일 만큼 짐짓 당황하는 관계자 분의 목소리에 그것도 아님을 알게 됐다. 내게 꿈을 향해 '좀 더 세게 달려도 돼!' 하고 북돋우는 응원이었더랬다.

왜 그렇게 드라마작가가 되고 싶냐면 다수의 사람들과 안방 TV를 통해 나의 감정과 가치관을 공유할 수 있다는 게 너무나 매혹적이다. 비록 내 몸은 한 평 남짓 휠체어에 갇혔지만 나의 상상은 누구보다 높고 멀리 난다. 또 얼마나 시간이 걸릴지 10년, 20년이 더 걸릴지 알 수 없다. 그럼에도 나는 늘 그랬던 것처럼 아침에 눈을 뜨고 일어나면 노트북 앞에 앉아 기획안과 대본을 쓰는 좀비가 될 것이다. 기꺼이 그럴 테다. 그렇다. 노트북 앞 좀비!

_서울경제, 2019. 1. 1. 발언대에서

본명 김민주에 김뜰, 민주낭자 이런 예명을 갖고 활동하는 84년생 김작가는 가성비 갑이다. 주문만 하면 원하는 작품이 줄줄이 나올 수 있을 정도로 실력도 있고 준비도 되어 있다. 휠체어로 접근성에 어려움이 있을 때도 있고, 뇌성마비 특성상 말이 매끄럽지는 않지만 회의가 잡히면 대구에서 서울로 달려오고, 작품에 필요한 현장 취재를 다니고, 작가들의 회식 자리에도 빠지지 않고 참석하여 매력을 발산하고 있다.

(『E美지』 Vol 15, 2020년 봄호)

김뜰

고려대 국어국문학과, 문예창작학과 수학
영상작가교육원 수료
(주)트윈세븐 기획작가
스튜디오 드래곤 IP리서치그룹 요원 활동

스토리뱅크 창작기획안 시나리오 부문 수상
오펜 스토리텔러공모전 드라마 부문 수상

에세이집 「뛰어라 내 다리야 이 세상 끝까지」
e북 「이분단 첫째줄」
웹소설 「어쩌다 계약 결혼」
웹드라마 「딱 나 같은 딸」
전자책 「이분단 첫째줄」
전자책 로맨스소설 「어쩌다 결혼 계약」

메이퀸픽쳐스 기획작가 독립영화 각색
싸이더스FNH, 굿픽처스 시나리오, Y2me 시나리오
펀펀한 영화사 〈깡패들 2〉 각본 계약 및 집필
웹드라마 〈두근두근 팜팜〉 집필
웹시트콤 〈가족 같은 회사〉 집필
웹단편영화 〈Midnight City〉 집필
DB생명 행복가득TV 웹드라마 〈보험왕 가자!〉 집필

18

입으로 꿈을 그리는 화가 **임경식**

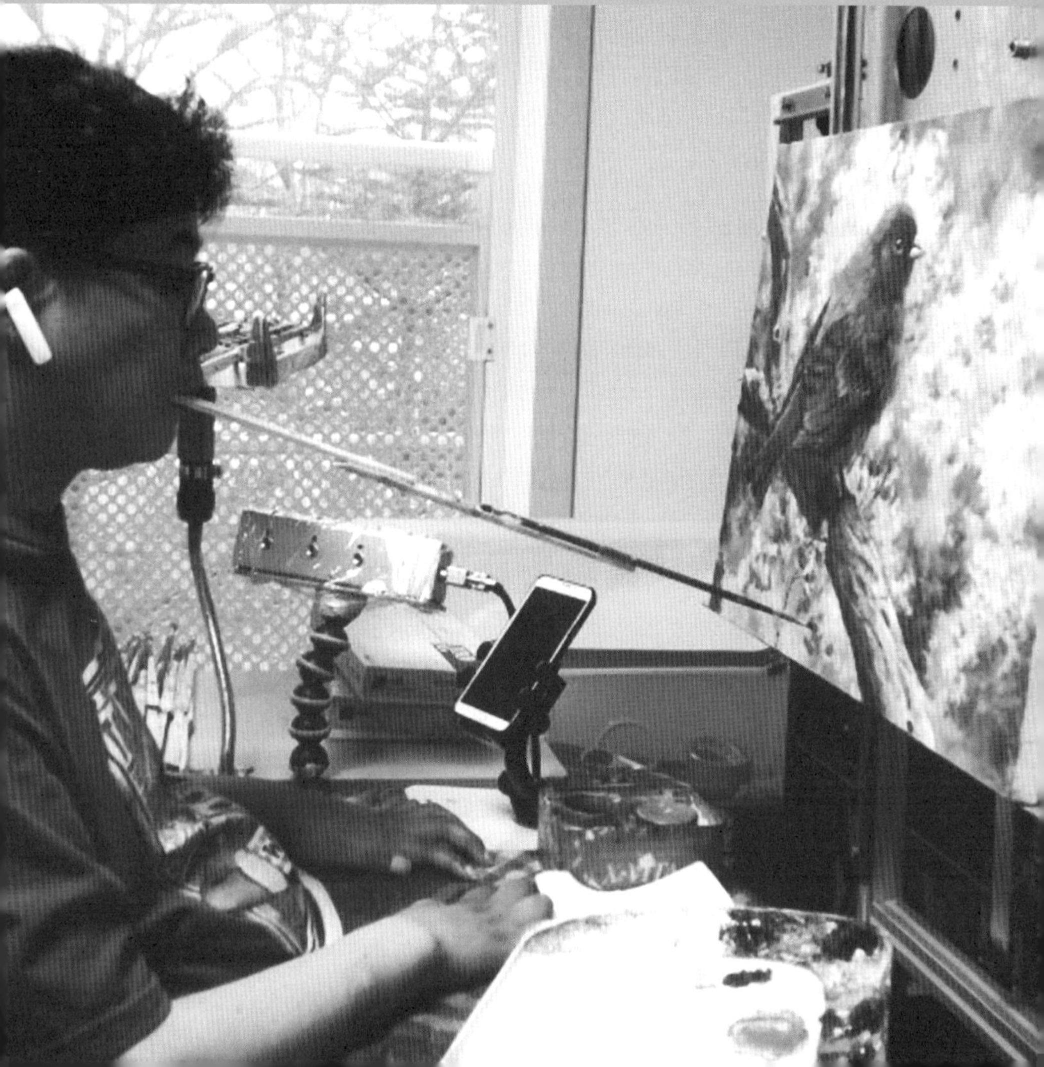

19세 청년에게 찾아온 사건

1977년생인 임경식은 실업계 고등학교 3학년이 되었을 때 취업이 되었다. 보통 2학기에 취업이 되는데 그해는 1학기부터 취업이 되어 18세에 사회생활을 시작하였다.

1995년 9월 회사 선배가 군에 입대하게 되어 송별회를 마치고 친구 집으로 가기 위해 오토바이에 몸을 싣고 달리고 있었다. 친구 집에 거의 다 왔을 무렵 급커브 골목에 자동차가 주차되어 있는 것을 발견하고 짧은 순간이었지만 갈등하였다. 자동차를 박으면 돈이 많이 깨질 것이고, 자동차를 피해 오토바이를 쓰러트리면 뒤에 탄 친구가 다칠 것 같

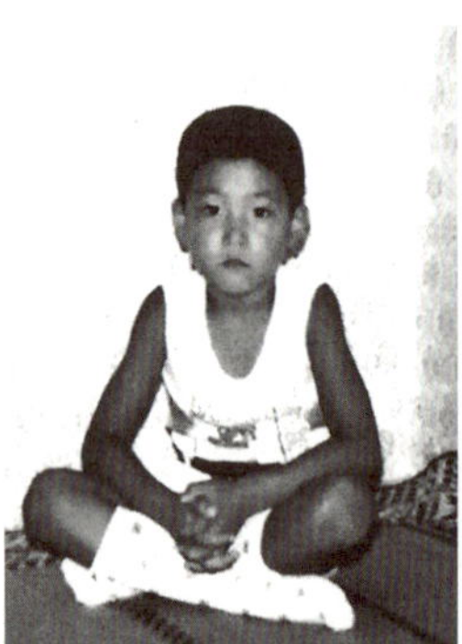

아서 친구를 다치지 않게 하기 위해 자동차를 선택했다. 부딪히고 난 후 정신이 가물가물해져 갔다.

정신이 들었을 때 친구는 멀쩡하다는 얘기를 듣고 마음이 놓였다. 자신도 곧 병원을 나가게 될 것이라고 생각했다. 그런데 시간이 지나면서 자신의 몸에 큰 변화가 생겼다는 것을 알았다.

얼굴에 묵직한 느낌이 있었는데 그것이 무엇인지 몰라서 찬찬히 살펴보니 자기 팔이었다. 자기 팔이 자기 얼굴 위에 얹혀 있는 것을 인지하지 못하였던 것이다. 그때 비로소 자신의 몸 상태의 심각성을 알았다. 그때 임경식은 슬프다기보다 두려웠다.

길고 긴 병상 생활

사고 나기 4년 전에 어머니는 뇌졸중으로 편마비가 생겨서 당신 몸도 힘든 상태여서 아들을 간병할 수 없었다. 간병인을 둘 형편도 못되어 어린이집 교사인 누나가 자신의 꿈을 접고 동생을 간호하였다.

어머니는 비장애인 걸음으로 15분이면 올 수 있는 거리를 50분씩 걸려 매일 교회에 가서 아들을 위해 기도를 했다. 하지만 아들은 엄마에게 짜증을 내고 심하게 대들기까지 하였다.

누가 자기를 그렇게 만든 것도 아닌데 그는 다른 사람들을 특히 가족들을 원망했다.

무의미한 시간이 속절없이 흘렀다. 19세 청년이 33세가 되기까지 세상과 완전히 단절되어 살았다. 옛날 친구들과는 만나지 않았다. 위로의 말이 상처가 되었기 때문이다. 친구들은 근사하게 발전해 가고 있는데 자신은 얼굴만 살아남아 나무토막처럼 꼼짝도 못하고 살고 있는 모습을 보여 주고 싶지 않았다. 대신 국립재활원에서 알게 된 장애인 친구들이 생겼다. 구필화가도 있었고, 게임으로 용돈을 버는 친구도 있었다. 그 친구들이 부럽다는 생각이 들었다. 자기도 뭔가를 해야겠다는 생각이 들었다. 구필화가가 가장 멋있어 보였지만 그림에는 소질이 없어서 자신이 없었다. 학창 시절 육상, 야구 등 운동을 좋아했다. 가만히 앉아 있으면 좀이 쑤실 정도로 그는 활동적인 성격이었다.

입에 붓을 물다

어느 날 그림 그리는 모습을 담은 동영상을 발견하고, 입에 붓을 물고 그것을 그대로 흉내내 보았다. 뭔가에 몰두하며 생기는 마음의 안정감이 좋아서 동영상을 스승 삼아 매일 그리고 또 그렸다. 1년 정도가 되었을 때 그림 한 점이 완성되었다. 그림을 제대로 그리고 싶어서 안양에 있는 장애인화실 소울음아트센터에 가서 그림 공부를 하였다. 그는 바깥세상이 그리워서 그런지 주로 풍경을 그렸다. 지인들이 여행을 가서 멋있는 풍경 사진을 찍어서 보내 주면 그것을 화폭으로 옮기면서

자신도 그곳에 함께 있는 듯한 기분이 들었다.

센터에서 매년 단체전을 개최하는데 그도 작품을 출품하게 되었다. 전시회장 벽에 걸려 있는 작품을 보자 그제야 실감이 났다. 알 수 없는 자신감이 생겼다. 그래서 그는 더욱 열심히 작품에 집중하였다.

이렇게 그림에 재미를 붙이고 있을 무렵 또 다른 고난의 파도가 밀어닥쳤다. 어머니 건강이 악화되시어 한 집에 두 명의 중증장애인이 있으니 누나 혼자 보살필 수가 없었던 것이다. 아버지는 기술자여서 젊은 시절 중동에 가서 해외 근로자로 일을 하며 돈을 제법 버셨지만 경기 침체로 경제적으로도 힘들었다.

임경식은 자신이 집을 떠나기로 결심하고 전라도 완주에 있는 시설로 생활 터전을 옮겼다. 보통 시설로 가면 다시는 세상 밖으로 나오지 못한다고 생각하지만 그는 오히려 자립하기 위해 시설을 택했다.

시설은 원래 개인 활동을 하지 못하도록 되어 있지만 원장 신부님께 그림을 그리게 해 달라고 간곡히 부탁을 드렸더니 컴퓨터교육실 구석에 이젤과 물감을 올려놓을 수 있는 작은 공간을 마련해 주었다. 빛이 들어오지 않아 어두운 곳에서 하루 종일 그림을 그리는 것을 보시고 전등도 설치해 주며 지지해 주었다.

그때는 옆에서 물감을 바로바로 짜 주는 사람이 없어서 수채화를 하였다. 수채화는 물만 있으면 물감을 한꺼번에 짜 놓고 사용할 수 있었기 때문이다. 시설 생활을 1년 6개월 정도 하였을 때인 2011년 어머니께서 돌아가셨다는 전화를 받았다. 엄마의 임종을 지키지 못한 아들이 되고 말았다.

화가가 되기 위해

집으로 돌아온 후 다시 소울음아트센터에 나갔다. 그동안 회원들의 활동이 더 활발해졌다. 단체전은 물론이고 개인전도 열며 많이 성장해 있었다. 그러던 어느 날 센터 그림지도 선생님이 결정적인 조언을 해 주었다.

"그림에 자기 자신을 표현해 보세요. 관객은 작품을 통해 작가의 메시지를 읽거든요."

자기를 표현하기 위해 그린 그림이 바로 '꿈을 꾸다' 시리즈이다. 임경식은 사고 후 자신은 두 다리 두 팔이 다 결박되어 갇혀 있다는 인식을 갖고 있었다. 어항 속에 혼자 남은 금붕어 같다는 생각을 했다. 그는 어항 속에서 금붕어를 밖으로 꺼냈다. 그 작품이 사람들에게 큰 울림을 주었다. 임경식의 활동이 지역신문에 소개되었는데 그 기사를 본 인천 미추홀도서관으로부터 개인전시회 제안을 받았다. 개인전은 꿈도 꿀 수 없었던 일이었다. 준비가 전혀 되어 있지 않았지만 꿈같은 일을 거절할 정도로 철이 없진 않았다. 준비 기간이 8개월 정도 있었기에 열심히 준비하면 불가능하지 않을 것 같아 거듭 감사의 인사를 드리고, 바로 그림을 그리기 시작하였다.

2주에 작품 1점을 완성할 수 있었다. 책임감을 갖고 일에 몰두하면서 모처럼 행복하였다. 드디어 첫 번째 전시회가 2014년 겨울 미추홀도서관 1층에서 개최되었는데 도서관 외벽에 대형 현수막이 걸리고, 팸플릿도 제작되었다. 그리고 전시회 소식이 언론 이곳저곳에 소개되었다. 진

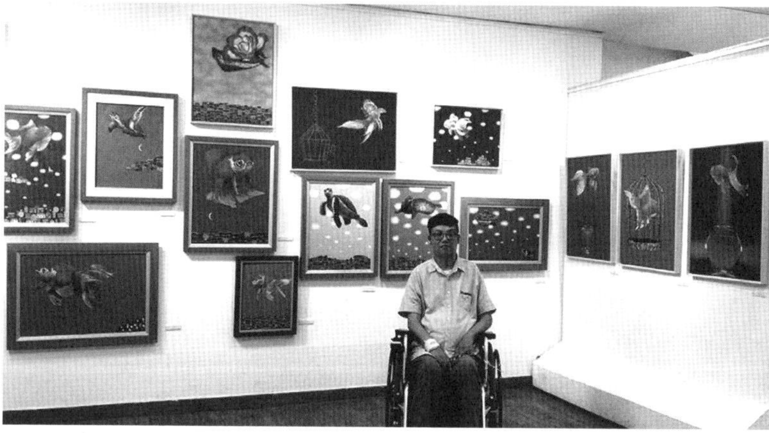

짜 화가가 되었다는 자존감이 생겼다. 그날 가장 많이 생각나는 사람은 엄마였다.

임경식은 엄마한테 해서는 안 될 말을 했다. 자기가 장애인이 되고 나니 편마비로 한쪽 팔을 못쓰고, 다리를 질질 끌며 느릿느릿 걷는 모습이 보기 싫었다. 그런 몸으로 아들 밥을 떠먹여 주시고 또 살겠다고 그 밥을 받아먹는 자신이 너무 비참해서 비장한 각오를 하고 말했다.

"엄마, 더 이상은 못살겠어. 나 좀 죽여 줘. 부탁이야."
"엄마가 할 수 있는 게 기도밖에 없어서… 정말 미안해."

임경식은 자기 자신을 포기하려고 했지만, 어머니는 아들을 지켜 주셨다. 어머니가 보여 주신 의연함에서 그는 죽어도 되는 삶은 없다는 사실을 깨달았다. 그 후 그는 공모전에 출품을 하기도 하고, 장애인기능경기대회 미술 부문에 출전하여 좋은 성적을 내면서 2016년 그의 목표였던 세계구족화가협회 회원이 되었다.

9년 동안 엄마와 동생을 돌보느라 자신의 삶을 희생한 누나가 결혼하여 매형이 생겼는데 마침 초등학교 교사라 학교에 가서 어린 학생들에게 장애 인식개선 교육 강의도 하고, 교사들에게도 장애 인식개선 교육 강의를 하여 큰 호응을 받았다.

세상과 소통하려고

2019년은 그를 세상 밖으로 완전히 나오게 하였다. CBS-TV 〈세상을 바꾸는 시간 15분〉에 출연하여 자신의 이야기를 하였고, 이를 통해 LGU+의 CSR 캠페인 영상 '아버지… 당신이 웃고 있어 행복합니다'에 참가하게 되었다.

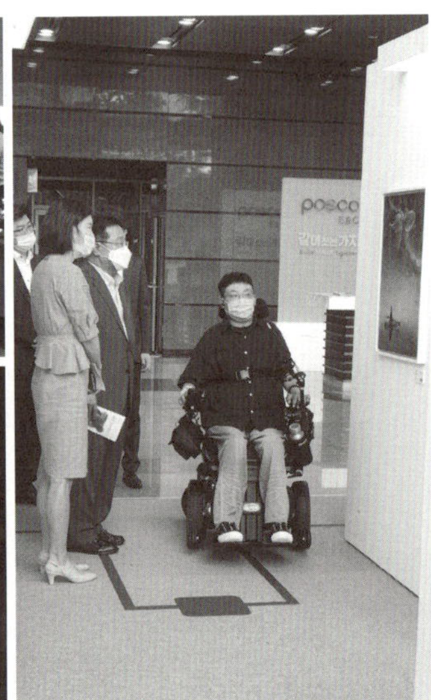

19세 오토바이 사고 이후 목 아래로 움직일 수 없게 된 구필화가와 여든 살 아버지의 U+우리집AI로 달라진 일상을 담아냈다. 영상에서 그는 지체장애인을 위한 음성명령으로 전등을 켜고 끄고, 이젤 높이를 조절하고, 교통약자용 지하철 정보확인 AI 서비스로 지하철 엘리베이터의 위치를 알아내어 아버지 도움 없이 외출을 나가서 세상 구경을 하고 눈에 담아 온 벚꽃을 그려서 아버지에게 선물하는 것으로 마무리가 되는데 800만 조회수를 기록하였다. 이 영상이 SNS에서 화제가 된 덕분에 임경식을 포함한 구족화가 5인 특별전시회가 2019년 7월 LGU+ 용산사옥 로비에서 개최되어 주목을 받았다.

그림을 1시간 정도 그리면 입이 마비되고, 목이 굳는다. 하지만 붓을 놓지 않는다. 4시간 정도 작업을 해야 물러선다. 그림을 그리기 위해 준비한 노고를 생각하면 쉽게 쉴 수가 없다.

올해 아버지는 81세가 되었다. 아버지는 붓을 긴 막대기에 붙여 헝겊으로 단단히 묶고, 물감을 짜서 동그란 접시에 간격을 맞춰 가지런히 배열시킨다. 아들의 붓질 높이에 맞춰 이젤의 높이를 맞춘다. 아들은 이 모든 과정에 끊임없이 잔소리를 한다.

"붓이 헐렁거려요."

"꽉 묶었는데…."

이제 아버지도 힘이 빠지신 것이다. 임경식도 44세, 자신의 몸도 예전 같지 않다고 느끼면서 아버지는 그대로일 것이라고 믿고 싶다. 요즘 그는 거북이를 그린다. 아버지가 오래오래 사시는 바람이기도 하고, 느릿느릿한 거북이가 바로 자기 자신인 것 같아서이다. 어항 밖으로 나온 금붕어가 거북이가 되기까지 20여 년의 시간이 걸렸지만 그는 그 누구보다 생명의 소중함을 알고 있다. 죽어도 되는 삶은 없다는 것이 그가 창작 활동을 통해 세상에 보내는 메시지이다.

(『E美지』 Vol 19, 2021년 봄호)

임경식

세계구족화가협회, 한국장애인미술협회 회원
소울음아트센터 이사

지방장애인기능경기대회 전북지역 1위, 대한민국 환경미술대전 입선, 지방장애인기능경기대회 인천지역 1위, 전국장애인기능경기대회 3위, 대한민국 장애인 미술대전 장려상 특선 입선, 희망키움 경진대회 공모전 특선 입선, 국제장애인미술대전 입선, jw 꿈을 그리다 공모전 입선

입으로 그리는 꿈(인천 미추홀도서관 초대전)
꿈을 꾸다 임경식 작품전(경인미술관)
꿈을 꾸다 초대전(인천 수봉도서관)

2009~2018 일어서는 사람들의 기록전
2014~2017 A-AF 장애인창작아트페어
1th Han River international ArtFestival, Incheon Art Fair Mecenat전
구족회화 회원전, 하나비전센터 3인3색 전, 한 · 중 · 일 장애인 미술교류전, 소울음 아트페어 개인 부스전, 행복에세이 전, 소울음 초대전 구구갤러리, 한 · 일 장애인 in 후쿠오카
인천아시아 경기대회기념 희망 빛을 그리다, (사)경인복지회부설 인천장애인예술협회 창립기념전
LG사이언스파크 행복마루 소울음 초대전, 순천 국립 옥천골 미술관 사는 세상 희망의 그림전
LG 유플러스 5G 공덕역 전시, 칸데스키와 현대작가 100년의 소통 미디어 아트전시회
구족화가와 같이 짓는 미소전 인천 송도 포스코건설 사옥, 포스코 건설 더 샵 갤러리

19

휠체어댄스스포츠

황주희 선수의 춤 바람

지난해 10월 KBS2 '즐거운 챔피언 시즌2-Dancing Together'에서 황주희와 가수 브라이언이 보여 준 무대는 그야말로 예술이었다. 시청자들은 그 둘의 공연에서 눈을 뗄 수 없었다. 두 사람 사이의 휠체어는 장애인 보장구가 아니라 작품의 스토리를 전달하기 위한 소품 같았다. 공연이 끝난 후에야 시청자들은 황주희의 장애에 대해 궁금해졌다.

21세 이전의 황주희

황주희는 고등학교 졸업 후 바로 직장생활을 했다. 어느 날 왼쪽 다리에 멍이 들어 있는 것을 보고 '내가 어디에 부딪혔나 보네.'라고 대수롭지 않게 생각했지만 다리가 붓고 걸을 때마다 아파 오자 동네 한의원에 가서 뜸을 뜨고 침도 맞았지만 통증이 점점 심해져서 병원에 갔더니 큰 병원으로 가야 한다고 했다.

조직검사 결과 골육종이라는 뼈에 생기는 암 진단을 받고 항암 치료를 시작하였다. 그때가 19세 겨울이었다. 항암 치료가 너무 힘들었다. 물만 먹어도 토해 내고, 머리도 다 빠지고… 고름만 빼면 낫는다는 얘기를 듣고 온 엄마는 한방 치료로 바꾸었는데 무릎이 수박만하게 부

어오르고 뜨거운 물을 붓는 듯이 아파서 119를 불러 달라고 외쳤다.

엄마는 명현 현상이니까 조금만 참으라는 한의사 말만 믿고 있었기 때문에 어린 환자가 나서야 했다.

응급실에 실려갔을 때 의사는 몸 상태가 너무 안 좋아서 수술을 하지 못한다며 생명을 장담할 수 없다는 말까지 했다. 한 달 정도 지나자 의사는 골육종이 전이되어 다리를 절단해야 한다고 했다. 엄마는 딸이 장애를 갖고 살아갈 세상이 얼마나 고통스러울 것인지를 알기에 선뜻 결정을 못하고 있었지만 황주희는 장애고 뭐고 일단 통증의 고통에서 벗어나고 싶어서 수술을 빨리하고 싶다고 주장하여 드디어 왼쪽 다리를 골반에서 10㎝ 정도 남기고 절단 수술을 하였다. 돌팔이 한의사 말만 믿지 않았어도 인공관절로 고칠 수 있었지만 그녀는 21세 때 왼쪽 다리를 잃었다. 수술 후에도 항암 치료를 위해 병원에 있었는데 오랫동안 누워 있었던 탓에 윗몸을 일으켜 앉히면 앞으로 고꾸라지고, 숟가락이 무거워서 밥을 떠먹을 수 없을 정도로 몸이 약했다. 당시 몸무게가 26kg이었다.

보통 절단 환자들은 의족을 끼우고 걷는 연습을 하지만 그녀는 오른쪽 다리도 근육이 다 빠져서 일어설 수가 없었기에 병원에 있을 때 재활치료를 받지 못했다. 퇴원을 하고 나서도 25세까지 병원에 3개월씩 입원하며 항암 치료를 받아야 했다.

황주희는 병원에서 풀려나면 바로 뭔가를 했다. 국립재활원에 가서 운전면허를 따고, 장애인복지관에 가서 바리스타 자격증을 획득했다. 할일이 없어도 일단 엄마랑 함께 나가서 밥이라도 사 먹었다. 그러다 복지관 합창단 단원으로 활동하며 노래 연습을 하고 공연도 나갔다. 공연장에서 댄스스포츠학원 원장이 황주희에게 학원에 한번 놀러 오라면서 휠체어댄스스포츠라는 것을 해보면 좋겠다고 제안하였다.

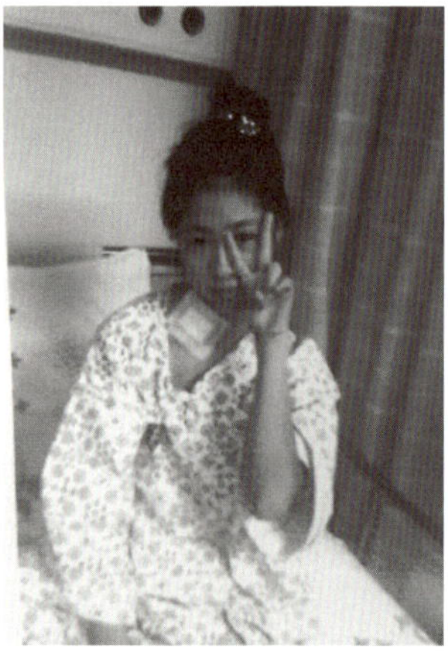

하지만 그녀는 전혀 관심이 없었다. 26세가 되는 2016년 1월부터 자립생활센터에서 근무를 하게 되었기 때문에 합창단 활동도 그만두기로 한 상태였다. 직장생활을 위해 사이버대학교 사회복지학과에 입학을 했기 때문에 공부에 매진할 생각이었다.

26세 이후의 황주희

꼭 한 번 와서 구경을 하라는 말씀을 거역할 수가 없어서 학원에 들렀다가 휠체어댄스스포츠를 본 순간 매료되었다. 원장은 그녀에게 한 달에 한 번만이라도 와서 해 보라고 권유를 했다. 그래서 취미 삼아 휠체어댄스스포츠를 시작한 것인데 한 달에 한 번이 일주일에 한 번이 되고 일주일에 한 번이 두세 번이 될 정도로 춤에 빠졌다. 퇴근을 하면 학원에 가서 연습을 하였다. 그 결과 국가대표 선발전에 나가서 태극 마크를 달고 세계선수권대회에 출전할 티켓을 획득했다.

세계선수권대회를 위해 합숙 훈련을 해야 했는데 마침 주말마다 훈련을 하여 직장이 있는 경기도 화성에서 합숙 훈련 장소인 경상북도 경산까지 직접 운전을 하며 오고 갔다. 자기가 좋아서 하는 일이어서 그런지 힘든 줄 몰랐다.

2017년 벨기에까지 날아가 세계선수권대회 무대에서 그녀가 거둔 성적은 라틴 부문 2등이었다. 참가하여 경험을 쌓으려고 했건만 뜻밖의 성적에 고무되어 있었다. 그러나 2018년 위기를 맞았다. 같이 춤을 추던 파트너가 군대에 가게 되었고, 드레스 비용, 화장품, 헤어 미용실 그리고 휠체어댄스스포츠용 휠체어 등 비용이 너무 많이 들어서 그만둘 생각을 하게 되었다.

그런데 2018년 말 울주군청 휠체어댄스스포츠팀에서 입단 제안이 왔다. 울주군청팀은 2014년에 창단된 우리나라에 하나밖에 없는 휠체어댄스스포츠팀이라서 입단이 바늘귀에 낙타가 들어가는 정도로 어려웠는데 그녀에게 기회가 온 것이다. 서상철 감독이 그녀를 눈여겨보다가 결원이 생기자 바로 연락을 했다.

월급을 주면서 춤을 추라고 하는 것, 그 이상 행복한 일은 없었다. 그녀는 모든 것을 정리하고 2019년 1월 울산으로 내려갔다. 새로운 파트너와 함께 2019년 12월 독일에서 개최된 세계선수권대회에 출전하여 Combi Standard class2 1위를 하여 자신을 믿어 준 감독님께 보답하였다.

휠체어댄스 공연

브라이언은 황주희와의 공연에 대해 한마디로 '너무 즐거웠다.'고 했다. 그는 울산까지 내려가 같이 식사도 하고, 같이 놀러 다니기도 했다. 파트너에 대해 잘 알아야 커플댄스에서 가장 중요한 호흡을 맞출 수 있기 때문이다. 브라이언은 연습을 할 때도 몸을 사리지 않았다. 같이 의논하며 한 장면

한 장면을 완성시켜 갔다. 그는 '뜻깊은 사람을 만났다.'고 말할 정도로 방송을 위한 커플이 아니라 시청자들에게 장애인과 비장애인이 함께하는데 무엇이 필요한지를 몸소 보여 주었다.

황주희 역시 '처음에는 친해질 수 있을까 걱정했다. 거리감이 느껴졌는데 먼저 다가와 주고 진심으로 살갑게 챙겨 주어 금방 친해졌다. 이야기를 너무 재미있게 잘 해서 모든 시간이 즐거웠다.'고 했다.

브라이언에게 휠체어댄스스포츠 지도를 해 준 황주희의 파트너, 손재웅은 그녀를 처음 만났을 때 이미 12년 무용수 경력을 갖고 있었지만 휠체어댄스스포츠는 처음이기 때문에 브라이언 못지않게 걱정이 많았었다. 그는 황주희와 파트너가 되어 처음 연기했던 무대를 위해 정말 많은 공부를 해야 했다.

휠체어 턴을 하는 동작을 하다가 발등을 휠체어 바퀴에 밟히는 것은

다반사이고, 휠체어에 무릎을 박는 등 크고 작은 사고가 많았다. 그럴 때마다 황주희는 미안해서 어쩔 줄 몰라했고, 파트너는 '괜찮아, 괜찮아.'를 반복하였다.

열악한 환경 속에서 공연을 준비하다 보면 음악을 선정하고, 기본 안무에 자잘한 안무를 넣고, 의상을 챙기고, 분장을 하고… 공연장에 가기 위해 집을 나설 때 두 개의 큰 가방을 하나는 등에 지고 하나는 가슴에 매고 목발을 짚고 걷는 모습을 보면 그야말로 슈퍼우먼이다.

황주희는 두 팔이 다리 역할까지 해야 해서 항상 목 뒤 근육이 뭉쳐서 필라테스로 몸을 만드느라고 신음 소리를 낸다. 기립성 저혈압으로 눈높이가 달라지면 어지럽고, 암덩어리를 갖고 있던 왼쪽 다리에 환상통이 있어서 통증과도 싸워야 한다.

2019년 울주군 벚꽃축제에 울주군청 휠체어댄스스포츠 실업팀이 초대를 받았다. 서상철 감독님이 대회 못지않게 신경을 쓰셨다. 파트너 손재웅도 첫 무대인 만큼 잘 하고 싶은 욕심이 생겼다. 그래서 황주희에게 휠체어를 들고 턴을 하는 연기를 하겠다고 하였다. 황주희도 처음 해 보는 연기여서 걱정이 되었다. 기본 체중에 휠체어 8kg이 보태지면 들기도 힘든데 세 바퀴 이상을 돌아야 한다는 것은 모험이었지만 동갑내기 무용수들은 의기투합하여 해냈다.

휠체어댄스를 하려면 공연장 조건이 무엇보다 중요하다. 공연장으로 가는 길이 휠체어 접근이 가능한지, 무대 위에 오를 수 있는 경사로가 있는지, 공연장 바닥이 휠체어 움직임을 용이하게 하는지… 미리 점검을 해야 한다. 그리고 관객들이 냉담한 반응을 보이며 일어나서 나가더라도 담담히 받아들이는 마음 자세까지 갖추어야 한다.

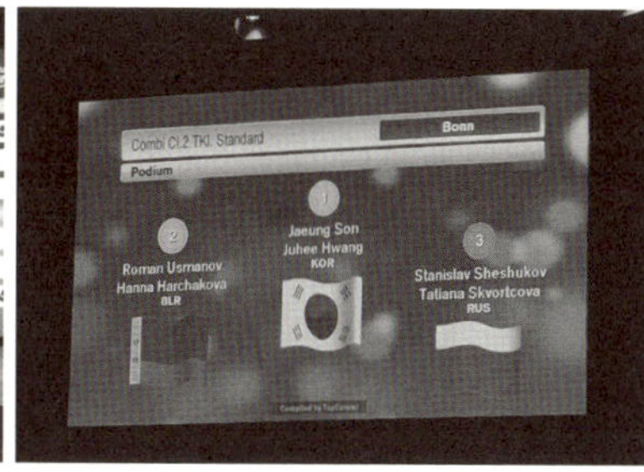

그런데 다행히 관객들은 집중하고, 핸드폰으로 동영상을 찍고, 박수와 환호를 보내 주었다. 엄지를 들어올려 주며 사진을 같이 찍자고도 하였다. 그제야 황주희의 공연은 마무리가 된다.

30세 이후의 황주희

1991년에 태어난 황주희는 올해 30세가 된 만큼 누군가의 꿈이 되어 주고 싶다. 장애를 가진 분들이 자기 춤을 보고 '나도 해 보고 싶다.'라는 꿈을 갖게 하고 싶고, 일반 관객에게는 '저런 것도 있구나. 좋은데.' 하면서 즐기며 장애인을 이해해 주기를 바라는 마음에서 무대에 선다고 하였다. 그녀는 몸이 움직여지는 한 춤을 추고 싶다는 소망을 수줍게 털어놓았다.

그리고 올 11월에 우리나라 울산에서 개최되는 휠체어댄스스포츠 세계선수권대회에서 1등을 놓쳐서는 안 된다는 책임감을 갖고 있다. 건강했을 때 수영, 합기도, 검도, 태권무술, 기계체조 등 모든 분야에서 탁월함을 보인 DNA가 있어서인지 한쪽 다리를 잃고 두 차례 욕창 수술로 앉아 있는 것도 편하지 않지만 휠체어댄스를 할 때는 몸의 유연성에서 아름다움을 뿜어낸다.

이제 그 아름다움을 보다 많은 사람들에게 보여 주는 것이 그녀가 해야 할 일이라고 생각하고 있다.

(『E美지』 Vol 19, 2021년 봄호)

황주희

2019 제8회 대한민국장애인예술경연대회 스페셜K Awards Young Artist상
구미컵 어울림 전국댄스스포츠대회-콤비 스탠다드 5종목 class2 1위
신나리한가족 전국장애인댄스스포츠선수권대회 콤비 스탠다드 5종목 class2 1위
제4차 국가대표 선발전 콤비 스탠다드 5종목 class2 1위
순천시장배 장애인댄스스포츠대회-콤비 스탠다드 5종목 class2 1위
Beigang 2019 para dance sport open-콤비 스탠다드 5종목 class2 2위
제39회 전국장애인체육대회 콤비 스탠다드 waltz 1위, 콤비 스탠다드 quick step 1위

대한장애인체육회장배 전국장애인댄스스포츠 선수권대회 및 제5차(최종) 국가대표 선발전 콤비 스탠다드 5종목 class2 1위, 제5차 국가대표 선발전 콤비 스탠다드 5종목 class2 1위

BONN OPEN WORLD PARA DANCE SPORT CHAMPIONSHIPS(독일 세계선수권대회) Combi Standard class2 1위

20

천재 피아니스트 김건호는 성장 중

2010년생인 김건호는 서울맹학교 5학년에 재학 중이다. 건호를 그냥 보면 아기 볼살이 있는 어린이 같지만 건호가 피아노 앞에 앉으면 모습이 확 바뀐다. 그는 피아니스트로 변신하여 성숙한 연주로 관객들을 숨죽이게 한다.

그의 나이나 장애는 그의 천재성에 묻혀 전혀 느껴지지 않는다. 이것이 예술의 힘일 것이다. 피아니스트로 성장하고 있는 김건호에게 주목하는 이유는 바로 노력하며 쌓은 실력의 탑이 아주 견고하기 때문이다.

음악과의 만남

건호는 선천성 흑암시증을 갖고 태어났다. 그에게는 환한 세상을 볼 수 있는 기회가 주어지지 않았다. 너무나 가혹한 현실이었다. 하지만 그 어둠 속에서 건호의 천재성이 만들어지고 있었다. 서울맹학교 유치부 때 노래를 부르는 선생님 옆에서 검지손가락으로 음의 높낮이를 쫓아가며 악보를 그려내는 듯한 모습을 보였다. 그래서 선생님은 건호 엄마에게 피아노를 가르쳐 보는 것이 좋을 것 같다고 권유하였다. 그래서 동네 음악학원을 찾아갔지만 악보를 보지 못하는 아이를 가르쳐 본 적이 없다며 부담스러워하였다.

건호에게는 특별한 교육 방법이 필요했다. 유치부 선생님은 사단법인 '뷰티플 마인드'의 뮤직아카데미에서 장애인과 저소득층 학생들에게 음악교육을 지원해 주어 전문적인 음악가로 성장하도록 교육 프로그램을 운영하고 있다고 알려 주었다. 모집 요강을 보니 모집 대상이 8세 이상이었지만 포기하지 않고 문을 두드렸다. 초등학생이 아닌 유치원생이 선발된 것은 건호가 처음이었다. 2015년 건호 나이 겨우 6세로 최연소 교육생이었다.

여섯 살부터 건호를 지도해 온 신정양 선생님은 피아노 연주를 왼손 따로, 오른손 따로, 그리고 양손을 합쳐서 녹음을 해 주었고, 건호는 구간별로 끊어 수없이 반복하는 방법으로 곡을 익혔다. 기존 피아노 교습법과는 달리 모국어를 배우듯 음악을 학습하는 방법으로 미국의 음악학자 Edwin Gordon의 음악학습이론에 따라 음악교육을 받은 국내 첫 케이스이다.

이런 교육을 건호에게 적용시킨 신정양 선생님은 뷰티플 마인드 뮤직아카데미에서 활동하던 피아노니스트로 건호가 신정양 선생님을 만난 것이 행운이었다. 건호의 가능성을 일찍이 발견하고 건호의 부모님

을 설득해서 뷰티플 마인드까지 연결해 주신 서울맹학교 유치부 박영주 선생님의 노력도 빼놓을 수 없다.

건호의 음악 세계

즉흥연주(2017)는 일종의 모방인데 2017년에는 음악보다 건반 지형을 익히던 시기라서 방송에서 들리던 긴박한 뉴스 시그널 음악을 듣고 그 느낌을 건호가 피아노에서 재현했다. 절대음감도 음감이지만 당시 대통령 탄핵을 다루던 뉴스의 분위기를 내면화한 어린 건호의 드라마틱한 표현력이 놀라웠다고 한다.

가을의 감성을 피아노 선율로 표현한 〈가을길〉(2018), 재즈 음악의 흥을 재즈 선율과 화성으로 표현한 〈Day by Day〉(2019), 본인의 시에 선율을 붙인 가곡인 〈비 내리는 그밤〉(2020)은 모방의 다음 단계인 익숙한 선율과 화성을 사용해 창작하는 단계로 이 과정에서 건호는 음악으로 소통하는 재미를 느꼈다.

더블베이스를 위한 〈Welcome To My Wacky Teenage World!〉(2021)는 익숙하지 않은 악기, 선율, 화성으로 사춘기에 들어선 본인의 이상해지는 마음을 표현하였다. 이 곡은 ODIN International Composition Competition 출품하여 당당히 1등을 차지하였다. 건호는 작곡가로서도 발전할 가능성이 있다는 것이 인증되었다.

건호는 피아노, 실내악, 작곡 등 다양한 영역에서 능력을 발휘하는 중이다. 2021년 서울시립교향악단 주최 '서울시향과 함께하는 행복한 음악회 함께!'에서 오직 건호의 연주로만 이루어지는 프로그램의 주인공이 되어 독주, 듀엣, 협주곡을 연주할 예정이고 이 준비 과정이 4월 19일부터 KBS 〈인간극장〉에서 방영된다.

피아니스트로 성장

건호는 7세이던 2016년 음악세계 상반기 서울지역 유치부 피아노 콩쿠르 2위에 이어 제10회 예음SEA 음악콩쿠르 초등 1, 2학년부에서 1위, VMP전국음악콩쿠르 특상과 제10회 한국리스트 콩쿠르 2위, 성정콩쿠르 3위, 국민일보-한세대학교 음악콩쿠르 3위 등 다양한 수상 경력을 쌓으며 유망 뮤지션으로 차분히 성장하고 있다.

건호의 다재다능함은 오히려 국제콩쿠르에서 두드러진다. 2020

년 온라인으로 진행한 Canadian International Music Competition에서 7~11세 아이들이 겨루는 Rising Star 카테고리 재즈 연주 부문에서 본인이 작곡한 재즈곡 〈Day by Day〉로 1위, 한 살 위 비장애인 윤태언과 함께 피아노 듀오로 출전한 실내악 부문에선 2위에 입상했다.

2019년 독일 Saarburg Music Festival에 참가하였을 때 독일 언론 volksfreund는 김건호에 대해 '아름다운 선율로 독일에서 큰 감동을 선사한 용감한 한국의 어린 피아니스트'라고 표현했다.

2017년 브루크뮐러 25개의 연습곡을 무대에서 선보인 뒤 지난해까지 콩쿠르와 연주회로 거의 매달 무대에 도전했다.

"아무리 어려웠던 곡도 열심히 연습해서 무대에서 연주를 해내고 나면 스스로 많이 성장한다는 걸 느껴요. 2018년에 쇼팽 왈츠곡이 너무 어려워서 연습하기가 싫었는데 결국 해내고 나니 제가 엄청나게 바뀌었더라고요."

2019년 봄에 개봉한 다큐멘터리 영화 〈뷰티플 마인드〉는 10세부터 30세, 천재부터 노력파, 장애부터 비장애까지 다양한 뮤지션들이 서로의 차이에 귀기울이며 오케스트라 앙상블을 맞추어 가는 이야기를 담았는데 이 영화에서 가장 주목을 받은 것은 '뷰티플 마인드 오케스트라'의 최연소 단원(당시 10세) 김건호의 이야기이다. 김건호는 잠깐이라도 혼자 남겨지는 것을 몹시 두려워하는 어린이이지만, 건반에 손을 올리는 순간 피아니스트의 아우라가 생긴다.

독주회에서

따분한 음들을 반복하는 바흐 〈인벤션〉은 흥미를 갖고 피아노를 배우던 아이들에게도 고비를 맞게 되는 작품이다. 그런 곡을 자신 있게 끌고가는 당찬 모습을 건호는 보여 주었다.

11세이던 지난해 가을 김건호는 푸르지오아트홀에서 열린 랜선 독주회에서 바로크 음악의 대표 주자 바흐의 곡들을 연주하였다.

'All Bach' 독주회는 2년여의 기간에 거쳐 바흐의 2성 〈인벤션〉과 3성

volksfreund
Partner von RP ONLINE

Region / Konz, Saarburg & Hochw

22. Juli 2019 um 18:44 Uhr

Musiktalent

Dieser Junge ist ein kleines Genie

Ausnahmegast bei den Saarburger Serenaden: der zehnjährige Pianist Geonho Kim und seine Lehrerin Clara Shin. Foto: TV/Marion Maier

volksfreund
Partner von RP ONLINE

Region / Konz, Saarburg & Hochw

25. Juli 2019 um 17:58 Uhr

Saarburger Serenaden

Blinder Pianist ist der Star des Abends

Probe vorm Konzert: Der zehnjährige Koreaner Geonho Kim orientiert sich kurz an den schwarzen Tasten und legt dann los, während der Chor noch auf seinen Einsatz wartet. Foto: Herbert Thormeyer

〈신포니아〉 전곡을 배운다는 목표로 준비를 해 왔다. F단조인 〈신포니아〉 9번은 몇 년 전 가족들과 본 주말 연속극에서 받았던 뭉클했던 감동을 담았고, 2성 〈인벤션〉에는 각 번호마다 평소에 좋아하는 점자 도감책에서 얻은 새와 동물들의 느낌으로 연주에 자기 감성을 넣었다고 한다.

객석은 텅 비어 있었지만 유튜브 채널을 통해 수백 명이 지켜보며 관객들은 댓글을 남겼다. 즐긴다는 느낌을 줄 만큼 좋았다고 하였다. 건호는 이런 반응에 고무되었다. 그동안은 어린데 또는 장애가 있는데 대단하다는 칭찬을 많이 받았었는데 비대면으로 공연을 하니 건호의 음악에 집중한다는 것을 알 수 있다.

"(댓글이) 너무 많아 중간에 듣다(문자를 소리로 변환) 포기했어요. 관객이 없는 게 아쉽긴 해도 연주회의 뜨거운 느낌을 이렇게 영원히 간직할 수 있어서 좋아요."

김건호의 꿈

건호 부모는 건호에게 최선을 다하기 위해 동생도 보지 않았지만 맞벌이를 해야 해서 건호를 데려다주고 데려오고 하는 일이 쉽지 않았다. 특히나 전문적으로 교육을 시키기 위해서는 개인교습이 필요했고, 영어 공부도 필요하여 교육비에 대한 부담이 크다. 하지만 건호는 저녁 10시가 되어야 집에 들어올 정도로 공부에 매진한다. 재능기부를 해주시는 분도 있지만 작곡을 할 때 손가락 번호로 하기 때문에 그것을 악보에 옮기는 등 김건호를 음악인으로 만들기 위해서는 많은 분들의 수고가 들어가야 한다.

소리로 세상과 소통하는 건호는 좋은 음악을 만들어 많은 사람들과 나누고 싶다. 꾸준히 자작곡을 쓰고 미디 작업을 배우는 것도 그런 이유에서이다. 자신의 눈을 대신해 주는 컴퓨터와 정보기술(IT) 기기를 통

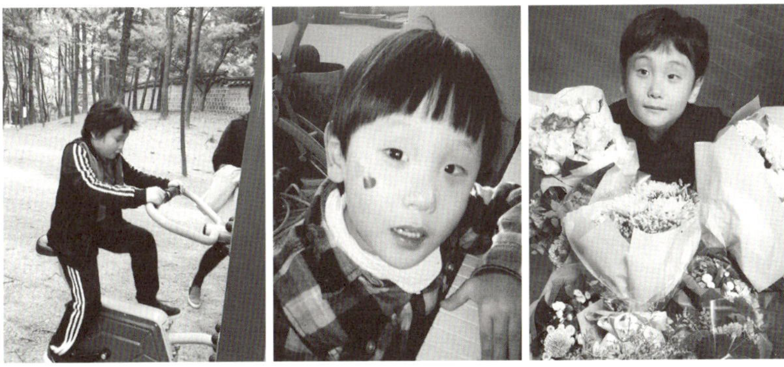

해 상상하는 세상을 더욱 다양한 소리와 음악으로 표현하는 일을 하려고 한다.

건호는 그 나이에 해내기 어려운 도전을 하며 피아니스트들이 겪어야 하는 과정을 거치고 있다. 자신과의 끝없는 싸움을 거듭하며 성장하는 것이다. 그런데 코로나19 때문에 또는 장애 때문에 무대가 사라지면서 음악인들이 존재의 의미를 갖지 못하기에 오늘의 상황이 연주자나 관객 모두에게 안타까운 시간이다.

(『E美지』 Vol 19, 2021년 봄호)

김건호

2017 김건호 피아노 독주회/부르크뮐러 25개의 연습곡 전곡 연주(이음아트홀)
2018 바리톤 석상근 앨범발매 기념 콘서트(JCC아트센터 콘서트홀)
툴뮤직 콩쿠르 1위
제22회 국민일보-한세대학교 음악콩쿠르 3위
제8회 세라믹팔레스 음악콩쿠르 2위
제10회 한국리스트콩쿠르 2위
제27회 성정음악콩쿠르 3위
2019 금손s프로젝트콘서트 윤태언&김건호 조인트피아노 리사이틀(야마하 커뮤니케이션 센터)
독일 Saargurg Music Festival 초청연주
윤태언&김건호 조인트 리사이틀 "Saarburger Serenaden"
뷰티플마인드 시네콘서트(롯데콘서트홀)
국민일보-한세대학교 음악콩쿠르 입상자 연주회(영산아트홀)
2020 Canadian International Music Competition-Rising Star Category 1위
김건호 피아노 독주회/All Bach(푸르지오아트홀)
VMP 초청 전국우수청소년연주회(영산아트홀)
VMP 전국 음악콩쿠르 특상
오페라 마이스터 음악콩쿠르 2위
제15회 한국 영아티스트 음악콩쿠르 3위
2021 ODIN International Music Competition(solo, piano 4-hands, composition)
윤태언 피아노 독주회 piano 4-hands, 금손s프린지 콘서트